O Genuíno Livro da
CRUZ DE CARAVACA

Pércio Ankara

O Genuíno Livro da
CRUZ DE CARAVACA

7ª edição
5ª reimpressão

Rio de Janeiro
2017

Produção editorial
Pallas Editora

Copidesque
Gisele Barreto Sampaio

Revisão
Wendell S. Setúbal
Heloísa Brown

Diagramação
Vera Barros

Capa
Trovatto Design

Todos os direitos reservados à Pallas Editora e Distribuidora Ltda. É vedada a reprodução por qualquer meio mecânico, eletrônico, xerográfico etc., sem a permissão por escrito da editora, de parte ou totalidade do material escrito.

CIP-BRASIL. CATALOGAÇÃO-NA-FONTE.
SINDICATO NACIONAL DOS EDITORES DE LIVROS, RJ.

G295
7ª ed.

O genuíno livro da cruz de caravaca [compilação de Pércio Ankara]. – 7ª ed. – Rio de Janeiro : Pallas, 2012.

ISBN 978-85-347-0312-3

1. Orações. 2. Livro de Orações. I. Ankara. Pércio.

98-0061

CDD 242
CDU 243

Pallas Editora e Distribuidora Ltda.
Rua Frederico de Albuquerque, 56 – Higienópolis
CEP 21050-840 – Rio de Janeiro – RJ
Tel./fax: (021) 2270-0186
www.pallaseditora.com.br
pallas@pallaseditora.com.br

SUMÁRIO

Importante 7
Prefácio 9
Primeira Parte 13
    Orações destinadas a aliviar moléstias que afligem a humanidade.
Segunda Parte 39
    Orações que se destinam a obter as graças de Deus Todo-Poderoso, de Nosso Senhor Jesus Cristo e da Santíssima Trindade.
Terceira Parte 61
    Orações destinadas a obter as graças e a proteção dos santos e santas da Corte Celestial.
Quarta Parte 89
    Orações destinadas às almas dos defuntos e outros exorcismos destinados à salvação da alma.
Quinta Parte 97
    Orações que se destinam a combater o mau-olhado, a macumba, os espíritos maus, os sortilégios de todo tipo e espécie.

Sexta Parte... **105**
Orações destinadas a afastar as tempestades, raios, faíscas, calamidades públicas, guerras, preservação das casas contra o espírito maligno etc.

Sétima Parte... **115**
Orações para amor, para resolver questões econômicas, para a preservação do gado e assuntos diversos.

Oitava Parte... **133**
Exorcismo contra as tempestades, trombas-d'água e reza de Ludovico Blosio.

IMPORTANTE

Caro leitor, um dos capítulos deste livro apresenta orações destinadas a preservar a saúde e aliviar moléstias.

Frizamos no entanto que apesar do poder da oração e do conforto que ela representa para o enfermo, sendo mesmo importante aliada no processo de tratamento e recuperação, nada deve substituir o aconselhamento médico. Logo, se você estiver doente, procure ajuda médica e, claro, apegue-se também ao poder da oração que certamente lhe auxiliará a passar pelos momentos difíceis com mais força e esperança.

PREFÁCIO

A religiosidade foi, em todos os tempos, o refúgio seguro dos bons e dos justos. É o abrigo infalível daqueles que não duvidam da força e da onipotência do Criador dos céus e da Terra, e tudo o que neles existe.

Durante as procelas que sempre varrem a Terra, quando as tempestades varrem o mundo, levantando enormes vagalhões sobre a humanidade, é na fé que vamos encontrar um porto salvador, que nos põe a salvo, que nos oferece o tão ansiado lenitivo.

* * *

A Fé é o bálsamo que faz desaparecer todas as nossas dores, por mais cruentas que sejam.

A Fé cicatriza todas as feridas que se abrem em nossa alma.

A Fé é a luz esplendorosa que nos alumia em meio das trevas que nos cercam.

A Fé é o nosso guia misericordioso que nos indica, com toda segurança, o caminho dos céus.

A Fé nos conduz, rapidamente, às regiões celestiais, onde gozaremos da eterna bem-aventurança.

A Fé faz desaparecer, de vez, a cegueira que impede os homens de ver que o Senhor é o Todo-Poderoso e que, sem a sua ajuda, nada nos é possível realizar.

A Fé nos transforma, faz-nos viver outra vida, permite que, mesmo na Terra, não rastejemos como vermes miseráveis.

A Fé nos concede a alegria de viver, nos dá o condão e o poder de levar a cabo a nossa missão.

Ontem, como hoje, o mundo caminhava para o caos. A perdição imperava em toda parte. A ambição estrangulava o coração das criaturas. O dinheiro e os prazeres mundanos substituíam todos os valores. Poucos os que volviam com unção os olhos para os céus, em uma súplica sincera, reverente.

E Nosso Senhor Jesus Cristo veio ao mundo, concebido pela Virgem Maria, virgem antes do parto, virgem durante o parto e virgem depois do parto.

Jesus Cristo espalhou, em todos os cantos, exemplos admiráveis. Jesus Cristo ressuscitou e passou a ocupar o lado de Deus Pai, como Filho Santíssimo.

Sua passagem na Terra, encarnado em homem, iluminou os caminhos. A razão retornou aos que se encontravam momentaneamente enlouquecidos, somente pensando nos bens terrenos. Não tardou muito e a religião venceria.

* * *

A CRUZ DE CARAVACA é o repositório de tudo quanto, ao longo de séculos e séculos, os santos e santas e os crentes iluminados receberam dos céus, em comunicação espiritual, para que com os céus se comuniquem.

A leitura atenta e feita com ilimitada fé do conteúdo desse livro somente benefícios em mãos cheias poderá oferecer, visto que todas as suas palavras se destinam a trazer imediato e poderoso lenitivo a todos quantos sofrem neste mundo de vilezas e desconhecidas ambições, sejam quais forem os seus padecimentos.

Pai misericordioso, de bondade infinita, sempre pronto a socorrer e a dar alívio aos seus filhos, dos quais jamais se olvida, Deus está sempre pronto a ouvir as súplicas que deste mundo Lhe são enviadas e que a Ele chegam por intermédio de santos e santas que constituem a Corte Celestial.

Essas súplicas, porém, devem ser feitas com toda a unção e humildade, com o coração pleno de fé.

* * *

A CRUZ DE CARAVACA contém todas as orações que desde tempos vêm sendo rezadas com a maior eficácia.

Em A CRUZ DE CARAVACA - cuja cruz deve encon- trar-se sempre em poder dos que a Deus desejam dirigir-se -encontrará o leitor o que, há muitos e muitos séculos, foi proferido pelos hebraicos, egípcios, hindus etc., que sempre foram atendidos em suas súplicas ardentes.

PRIMEIRA PARTE
Orações Destinadas a Aliviar Moléstias que Afiligem a Humanidade

As preces que se seguem, adquiridas em diversas fontes, são o que, com toda justiça, poderíamos chamar um tesouro de dons corporais. Mil repetidas provas atestam o convencimento absoluto de sua eficácia; mil testemunhos imparciais e severos são incontestes em proclamar sua virtude para cada caso.

Mas nem provas, nem o testemunho alheio teriam qualquer valor se as orações, por si próprias, não se recomendassem com a maior das eloqüências, com a eloqüência dos fatos. Recorramos a elas como último e inapelável tribunal.

Não é preciso advertir, porém, que não basta a fórmula por si, para que a virtude se sobressaia. Já nosso Divino Redentor disse, pela boca de São Mateus (VII,7), que não se devia dar pérolas aos porcos; o que claramente testemunha que as coisas de Deus não podem ser todas operadas, nem por todos compreendidas.

Disse mais o Messias, por intermédio do mesmo evangelista, que nem todos os que dizem *Senhor* são aptos a entrar no reino dos céus (VII,23) e que muitos dos últimos serão os primeiros e muitos dos primeiros serão os últimos.

CONTRA O MAL DA URINA

Senhor, pelo especial privilégio outorgado ao beato Libório contra os males do cálculo, pedras e urina, fazei que... *(aqui se pronuncia o nome do doente)* se veja livre do mal *(pronuncia-se o nome da moléstia)* de que padece. Glorioso Sío Libório, intercedei por nós. Amém.

(Assinala-se a parte dolorida e rezam-se três Pais-Nossos em honra da Santíssima Trindade.)

CONTRA DOR DE DENTES

Bendita Santa Apolônia, que por tua virgindade e martírio mereceste do Senhor ser instituída advogada contra a dor de gengivas e dentes, te suplicamos, fervorosos, que intercedas com o Deus das misericórdias para que esta criatura... *(aqui se pronuncia o nome do doente)* fique completamente curada. Senhor, sede benigno à súplica que vos dirigimos por intermédio de Santa Apolônia, amém.

(Um Pai-Nosso à Santa Apolônia e três à Santíssima Trindade.)

CONTRA ERISIPELA

Em nome de Deus Pai e do Filho de Deus e de São Marcial, que nem por fora, nem por dentro lhe faça nenhum mal.

(Fazem-se sobre a parte do paciente em que haja aparecido a erisipela as cruzes anteriormente assinaladas e rezam-se três Pais-Nossos, destinados à Santíssima Trindade.)

OUTRA CONTRA ERISIPELA

Jesus nasceu, Jesus morreu, Jesus ressuscitou. Como se curaram as chagas de Jesus Cristo, assim possa ser curada esta erisipela em honra e glória da Santíssima Trindade.

(Rezam-se três Pais-Nossos dirigidos à Santíssima Trindade.)

CONTRA ANGINA

Em Belém há três meninas: uma cose, outra fia e outra cura as anginas; uma fia, outra cose e outra cura o mal traidor.

(Repete-se três vezes em outros tantos dias seguidos, fazendo o sinal-da-cruz em cada uma delas e rezam-se três Pais-Nossos em honra da Santíssima Trindade.)

OUTRA CONTRA ANGINA

Depois de feita esta prece, é preciso rezar três Pais-Nossos dirigidos à Santíssima Trindade.

Nosso Senhor e São Martinho iam por um caminho, onde encontraram São Pedro de bruços, em um canto.

– Que fazes aqui? - perguntou o Senhor.

São Pedro respondeu:

– Estou a morrer do mal de angina e de garganta.

Ao que o Divino Mestre retrucou:

– Coloca os cinco dedos da mão direita no colo e abre-os em honra e glória da Santíssima Trindade; e com o Santo Nome de Deus o mal te será curado.

CONTRA CONTUSÕES E DESLOCAÇÃO DE OSSOS

Após a prece, rezam-se cinco Pais-Nossos em memória das cinco chagas de Jesus.

Jesus nasceu, Jesus foi batizado, Jesus sofreu paixão e morte. Jesus ressuscitou e ascendeu aos céus, Jesus está sentado à direita de Deus Pai e desde ali virá a julgar os vivos e os mortos. Por estas grandes verdades e pelo valor e confiança que inspiram aos cristãos, que estas contusões (ou deslocações etc.) de... *(aqui se pronuncia o nome da vítima)* sejam curadas, como o foram as chagas do Redentor.

CONTRA QUEIMADURAS

Depois de feita a oração, faz-se o sinal-da-cruz e reza-se um Pai-Nosso dirigido a São Lourenço.

O fogo não tem frio, a água não tem sede, o ar não tem calor, o pão não tem fome: São Lourenço, curai estas queimaduras pelo poder que Deus vos deu.

CONTRA HÉRNIAS OU FRATURAS

Jesus encarnou nas puríssimas entranhas da Virgem Maria e nasceu e habitou entre nós; e, para nos ensinar a ter verdadeira fé, por sua própria virtude e com a sua graça curava todas as enfermidades e doenças dos que nele acreditavam e O procuravam; e para livrar-nos de todo mal, sofreu paixão e morte. E, para nos abrir as portas do Paraíso, ascendeu glorioso e triunfante aos céus, depois de haver vencido todas as fúrias infernais. Pois, assim como estas palavras são certas, assim o é também que tu... *(pronuncia-se aqui o nome do paciente)* podes ser curado da hérnia (ou fratura) que padeces, pela virtude e em honra das três Pessoas distintas da Santíssima Trindade, a quem humildemente peço a graça de que te vejas tão depressa curado como Jesus de suas chagas.

CONTRA O MAL DOS SEIOS

A oração deve ser dita três vezes e rezam-se três Pais-Nossos em honra da Santíssima Trindade.

Jesus viveu, Jesus morreu, Jesus ressuscitou; como estas palavras são verdades, fazei a graça de curar o seio doente do lado esquerdo (ou direito) de... *(o nome da mulher enferma), com a maior brevidade.*

CONTRA AS NUVENS NOS OLHOS

Depois de feita a prece, rezam-se três Pais-Nossos em honra da Santíssima Trindade.

Nuvem, nuvem de sangue e água formada, em honra e glória da Santíssima Trindade, que seja prontamente curada.

OUTRA CONTRA NUVENS NOS OLHOS

Esta oração deve ser rezada durante nove dias seguidos e em todas as vezes é preciso que se rezem três Pais-Nossos em honra da Santíssima Trindade.

Mãe de São Simão, advogada contra as nuvens, clara é a Lua, claro é o Sol e clara seja a vista de... *(aqui se pronuncia o nome do paciente)*, graças à vossa intervenção.

CONTRA A NOSTALGIA

Depois de feita a prece, rezam-se três Ave-Marias.

Virgem Maria, que em vossa concepção fostes imaculada, fazei que logo desapareça esta profunda nostalgia que tanto me aflige.

OUTRA ORAÇÃO CONTRA A NOSTALGIA

Após a oração, persigne-se o paciente e reze três Pais-Nossos em honra da Santíssima Trindade.

Jesus nasceu, Jesus morreu; Jesus nasceu, Jesus morreu; Jesus nasceu, Jesus morreu. Assim seja curada a nostalgia de... *(cita-se o nome do paciente)*, assim como estas palavras são certas.

CONTRA A PARALISIA

Depois de feita a oração, rezam-se três Pais-Nossos, três Ave-Marias e Glória-ao-Pai.

Adoradíssimo Jesus, inesgotável fonte de clemência, assim como te dignaste curar o paralítico que foi ao teu encontro, dizendo-lhe: Levanta-te, toma tua cama e vai para casa, assim te suplico te dignes a curar... *(aqui se pronuncia o nome do doente)*, que com todo fervor te implora. Eu te suplico que não deixes de ouvir esta prece e reverente ele te saudará com os anjos do Paraíso, dizendo fervorosamente e nestas palavras pondo todo o seu coração e sinceridade: "Santo, Santo, Santo é o Deus dos exércitos, a quem todo mundo venera e adora."

CONTRA O CÂNCER

O câncer e Jesus Cristo vão a Roma; câncer se vai e Jesus Cristo volta e viva Cristo. Morra o câncer e viva a fé em Jesus Cristo! Amém.

CONTRA A APOPLEXIA

Depois de feita a oração, rezam-se um Pai-Nosso a São Avelino e três à Santíssima Trindade.

Deus e Senhor nosso, que, tendo morto de apoplexia o bem-aventurado André Avelino, estando oferecendo o sacrifício do Altar, te dignaste conferir-lhe a graça de recebê-lo no eterno santuário de tua glória e ser desde ali o intercessor para Contigo dos que padecem deste mal, reverentes te suplicamos que, por seus méritos e sua misericórdia, seja curado *(aqui se pronuncia o nome do doente)* do ataque que o prostra e sirva tudo isso para honra e glória tua. Assim seja.

CONTRA O MAL DE OUVIDO, SURDEZ etc.

Uma vez feita esta oração, reza-se o Credo como testemunho da fé nos méritos de Jesus crucificado.

Senhor meu Jesus Cristo, tu que te dignaste livrar de suas doenças o surdo-mudo de Cecápolis, somente pondo os dedos em seu ouvido e lhe dizendo

"Seja aberto", conceda-me a graça de que, em teu nome e imitando os teus milagres, eu possa curar... *(pronuncia-se aqui o nome do doente)* do mal de ouvido (ou surdez etc.).

ORAÇÃO DO BOM PARTO

As mulheres que, estando grávidas, rezarem esta oração e três Ave-Marias e três Salve-Rainhas, 10 dias antes do parto, terão sempre a Nossa Senhora do Bom Parto ao seu lado, que as assistirá no momento de darem à luz.

É a vós que agora me dirijo, de olhos postos em vós, Virgem Santíssima, Virgem antes do parto, Virgem no parto e Virgem depois do parto.

É a vós que neste momento peço graças e auxílio, Virgem Santíssima e que imaculada sempre fostes por obra do Espírito Santo, que gerou em vosso ventre o esplendor de todos os tempos, do mundo inteiro, o vosso adorado e Santo Filho, Jesus Cristo.

É em nome de vosso Santo Filho, Virgem Santíssima, que aqui estou, de joelhos, a vos rogar que não me desampareis e a solicitar vossa indispensável assistência para que eu tenha um bom sucesso.

É a vós, Mãe Santíssima, que envio estas súplicas sinceras, na certeza de que sabereis me compreender e me amparar neste delicado transe. Amém.

CONTRA A DOR DE GENGIVAS

Estando São Pedro sentado à margem do rio Jordão, triste e melancólico, chegou Cristo e lhe disse:

– Que tens, Pedro, que estás triste e melancólico?

– Senhor – respondeu São Pedro –, doem-me as gengivas, devido a uns vermes que as estão movendo.

Disse-lhe o Senhor:

– Eu te concedo que não mais te doam as gengivas, devido aos vermes, em nome do Pai, do Filho e do Espírito Santo.

– Senhor – suplicou São Pedro –, eu vos suplico que a todos os que lerem estas palavras escritas sobre Vós não lhes doam mais as gengivas por causa dos vermes.

O Senhor concedeu-lhe este favor em nome do Pai, do Filho e do Espírito Santo. Amém.

CONTRA OS MALES FÍSICOS

Esta prece destina-se a conjurar todos os males físicos e deve ser rezada pela manhã, sendo seguida de cinco Pais-Nossos, cinco Glória-ao-Pai e cinco Ave-Marias, por intenção das cinco chagas de Nosso Senhor Jesus Cristo.

Mal, em nome de Nosso Senhor Jesus Cristo, eu te ordeno que deixes imediatamente este infeliz... *(aqui se pronuncia o nome do doente, seja homem ou mulher).*

Mal, de onde quer que venhas, seja qual for o teu princípio, seja qual for a tua natureza, deves abandonar esta criatura de Deus.

Neste ponto deve ser feito o sinal-da-cruz, durante três vezes, no paciente, prosseguindo-se, a seguir:

Mal, em nome da Santa Cruz, desaparece incontinenti e que não mais tornes a aparecer para molestar... *(o nome do doente)*.

Mal, eu te ordeno que assim faças em nome do Pai, do Filho e do Espírito Santo. Amém.

CONTRA A ERISIPELA

A presente oração deve ser rezada por uma pessoa da família do doente, em quem deve ser feito o sinal-da-cruz no início e no final da prece. Após, rezam-se três Salve-Rainhas e um Pai-Nosso.

Senhor, tende piedade de... *(pronuncia-se o nome do paciente)*, que tanto e tão resignadamente vem sofrendo.

Jesus Cristo, apiedai-vos de... *(o nome)*, cujas noites mal dormidas, em virtude de seus padecimentos, tanta piedade causam aos que o estimam.

Pai Celeste, que sois Deus, tende piedade de... *(o nome)*, dando-lhe alívio completo às suas dores e para que, uma vez curado, possa vos render as mais sentidas e sinceras graças pela vossa Santíssima intervenção e pela vossa infinita misericórdia.

Deus Espírito Santo, ouvi-me. Santa Maria, Rainha dos Mártires, intercedei em favor de... *(o nome)*, para que possa novamente ser feliz, depois de livre do mal que o aflige e assim volte a louvar o nome do Pai, do Filho e do Espírito Santo. Amém.

CONTRA AS DORES DE BARRIGA

Esta oração se destina a afastar as dores de barriga, por mais fortes que sejam.

Faça nove cruzes no umbigo e diga a cada cruz: "Ostevun, Ostesa, Malehit, Banyat, Ampoca palia, dor de barriga, vá daqui, que é Deus quem manda."

(Isto deve ser repetido três vezes, assim como é preciso rezar três Pais-Nossos para a Santíssima Trindade.)

CONTRA DOENÇAS DO FÍGADO

Esta reza, proferida em dias ímpares, é de comprovada eficácia para toda e qualquer doença do fígado. A ela devem seguir-se três Salve-Rainhas, três Ave-Marias e três Pais-Nossos.

Virgem Santíssima, que Virgem concebestes o nosso Salvador e Virgem sofreste ao acompanhar os espasmos de Nosso Senhor Jesus Cristo, ao morrer crucificado, eu vos dirijo esta oração, todo contrito, todo cheio de fé, todo cheio de esperança, para que por mim intercedais e tenha eu o beneplácito do Senhor, no sentido de que sejam saradas estas dores cruciantes que tanto me afligem e que afetam o meu fígado.

Certeza tenho, oh mãe misericordiosa, de que sabereis me socorrer e atendereis a estas minhas súplicas, que me partem do fundo do coração e de minha alma, que a vós pertencem desde o instante em que vos reconheci como a Virgem Mãe de Nosso Senhor Jesus Cristo e em quem cegamente confio, porque amparais todos quantos sofrem neste mísero mundo terreno e do qual um dia hão de sair para, em não sendo pecadores ou se tendo redimido de seus pecados, ir habitar na Corte Celestial, onde se encontram todos os eleitos de Nosso Senhor.

Em nome do Pai, do Filho, do Espírito Santo. Amém.

CONTRA AS DORES DE RINS

De preferência, a prece que se segue deve ser rezada às segundas-feiras, ao nascer do sol e, uma vez proferida, o crente deve rezar três Pais-Nossos, duas Ave-Marias e um Credo, por intenção da Santíssima Trindade.

Jesus, Jesus, Jesus. Muito sofrestes na Terra. De vós muito judiaram os homens ímpios, que em vós não souberam reconhecer, antes de vossa santa morte, o Redentor.

No Calvário fostes sacrificado; na Cruz padecestes as maiores torturas. De nada vos queixastes. Porque dúvida alguma era possível, para vós, de que todo esse sacrifício se destinava a redimir os filhos de Vosso Pai, que preferiu vos sacrificar e, assim, redimir dos pecados os impertinentes pecadores. Santa era a vossa missão; e santo foi o vosso comportamento silenciando diante das maiores e mais iníquas torturas. Eis a razão por que sois bem-aventurado e ao longo dos séculos estais gozando a bem-aventurança, que continuareis a gozar ao longo dos séculos e séculos.

Jesus, Jesus, Jesus.

Certo estou, pois, de que não olvidareis as súplicas que aqui vos vou fazer e que partem de um penitente que muito vem sofrendo e que muito deseja uma cura, que apenas de vós poderá partir.

É imenso o meu sofrer em conseqüência das dores de rins que me vêm atormentando, meu Nosso Senhor Jesus Cristo. Noites e noites, dias e dias, sou atacado por essas dores, que não me deixam, que não me abandonam um só momento e crescem de intensidade a cada hora que passa. Eis que a vós recorro, certo de que de vosso trono podereis me auxiliar, sendo que, neste mundo terreno, não poderei encontrar qualquer alívio para esses males que aumentam de minuto a minuto.

Jesus, Jesus, Jesus.

Peço-vos, encarecidamente, que me socorreis. E não duvido da vossa pronta intervenção, pois que com esta prece, feita com toda sinceridade e unção, já me encontro bem mais aliviado e já me parece que estou a caminho de uma cura radical.

Em nome do Pai, do Filho e do Espírito Santo. Amém.

CONTRA O TRACOMA

Os que disserem esta oração deverão fazer o sinal-da-cruz, nos olhos do paciente, antes e depois da oração, como, antes e depois da reza, deverão dizer três Ave-Marias e três Glórias-ao-Pai, destinadas à Santa Luzia.

Santa Luzia, que dos olhos dos homens é a padroeira, não nos abandoneis um só momento.

A vós, Santa Luzia, solicitamos que nos amparais sempre que nossa vista estiver em perigo.

E é também a vós, Santa Luzia, que rogamos que nos livreis de qualquer mal da vista, principalmente do tracoma, que tanto aflige esta pobre e pecadora

criatura que neste mundo responde pelo nome de...
(aqui deve ser pronunciado o nome do doente).

Certos estamos, ó sublime Santa Luzia, de que vossos ouvidos receberão esta súplica e que vós sabereis amparar este pobre filho de Deus, cujos padecimentos se agravam dia após dia.

Fazei, pois, ó Santa Luzia, que... *(o nome)* se cure o mais breve possível e que dentro em pouco possa, livre de seus males, abençoar e venerar o vosso santo nome.

Em nome do Pai, do Filho e do Espírito Santo. Amém.

CONTRA O AMARELÃO

Esta oração necessita ser rezada sempre às terças e sextas-feiras, pela manhã e em jejum. Antes e depois, deve-se fazer o sinal-da-cruz, por três vezes, sobre o paciente e, ao mesmo tempo, rezar um Pai-Nosso.

Senhor, vossa misericórdia é infinita, como infinito é o vosso poder sobre todas as coisas dos céus e da Terra, que criastes. Nenhum crente pode duvidar da vossa bondade e de vossos milagres, que enumerará impossível.

Eis por que, Senhor, a vós me dirijo, certo de que estas minhas súplicas serão prontamente atendidas e que sabereis dar imediato alívio a esta criatura que tanto necessita do vosso amparo.

... *(aqui é citado o nome do paciente)*, Senhor, está sofrendo de amarelão. Definha dia após dia. Seus padecimentos a todos compungem. E é preciso pôr um paradeiro aos seus males. Eis por que, como em todos os outros casos, a vós me socorro, certo de que sabereis compreender os sentimentos que me levam a vós de me socorrer.

E por tudo o quanto fizerdes, Senhor, desde já vos rendo graças e peço-vos muitos anos de vida para poder louvar e engrandecer vossas glórias neste mundo terreno.

Em nome do Pai, do Filho e do Espírito Santo. Amém.

CONTRA QUEDAS

A presente oração deve ser rezada pela manhã e por todos os pais, com o fim de preservar os seus filhos contra toda e qualquer queda.

O Senhor Jesus Cristo assim disse: "Venham a mim as criancinhas, porque delas é o reino do céu." Eis por que, Senhor, eu peço a vossa proteção para todas as crianças que se encontram sob este teto e que nada lhes aconteça durante o correr do dia que ora se inicia.

Em nome do Pai, do Filho e do Espírito Santo. Amém.

CONTRA DORES DE ESTÔMAGO

Esta prece deve ser repetida três vezes, enquanto sobre o estômago do paciente deve ser colocada a Cruz de Caravaca, bem como se fazer o sinal-da-cruz três vezes.

Senhor de infinita misericórdia, rogai por mim.
Senhor de infinita misericórdia, rogai por nós.

Senhor de infinita misericórdia, rogai por esta vossa pobre criatura... *(aqui cita-se o nome do doente)*, que há tanto vem sofrendo.

Senhor de infinita misericórdia, será esta vossa pobre criatura uma pecadora e poderá estar a pagar parte dos pecados cometidos, mas, Senhor de infinita misericórdia, muito arrependido(a) se encontra... *(o nome)* e pronto(a) está a redimir-se, passando o resto de sua existência a louvar e a venerar o vosso santo nome, tornando-se um de vossos mais leais soldados e propagador acérrimo da fé.

Senhor de infinita misericórdia, tende piedade deste vosso servo, que espera merecer vossas graças.

Senhor de infinita misericórdia, amém.

Senhor de infinita misericórdia, fazei com que as dores que ele *(ou ela)* sente nas entranhas desapareçam imediatamente, tão depressa como a água apaga o fogo.

Senhor de infinita misericórdia, ouvi-me.

Senhor de infinita misericórdia, espargi mais uma vez a vossa grande bondade.

Senhor de infinita misericórdia, amém.

CONTRA A MALEITA

Esta oração deve ser rezada durante três dias, pela manhã, ao meio-dia e à noite, e o paciente deve conservar, no peito, a Cruz de Caravaca.

O espírito maligno parece ter saído de sua infernal morada e se transportado aos pântanos. Nas águas insalubres se encontra a enfermidade que tantos e tantos males causa.

Deus, porém, é misericordioso.

Deus, porém, sabe neutralizar os males no mundo que são espalhados pelo anjo mau.

Deus, porém, protege todos aqueles que n'Ele crêem e não duvidam de seu poder.

Deus, porém, possui infinita misericórdia.

E Deus, por isso, olhará por esta criatura que foi tocada pela maleita, que nas águas insalubres foi colocada pelo espírito maligno.

Cremos em vós, ó nosso bom Deus!

Rogai por nós, bom Deus. Amém.

CONTRA QUEIMADURAS

São Cristóvão, São Pedro, São Miguel, São João, Santo Anastácio, Santo Amaro, Santa Catarina, Santa Adélia; Santa Ana, Santa Rita, todos os santos e santas que povoam as regiões celestiais, intercedei junto ao Senhor para que se digne amainar os males que o fogo, causando queimaduras, faz esta pobre criatura sofrer. Ela é digna da compaixão do Senhor, porque saberá reconhecer o incomensurável poder do Criador dos céus, da Terra e de todas as coisas que neles existem, rendendo-lhe graças e louvando e glorificando o seu santo nome.

Em nome do Pai, do Filho e do Espírito Santo. Amém.

(Esta oração deve ser rezada logo após se verifiquem as queimaduras e quem a disser precisa ter junto consigo a Cruz de Caravaca.)

CONTRA DORES DE OUVIDO

Quando se disser esta prece, deve-se fazer, antes e depois, o sinal-da-cruz junto ao ouvido do paciente e fazer com que este tenha consigo, no peito, a Cruz de Caravaca.

Santa Cecília, que em santa glória estais.

Santa Cecília, que na Corte Celestial espargis os sons de vossas divinais músicas.

Santa Cecília, contrito e cheio de fé, eu vos peço que sejais minha advogada e que intercedais, junto ao Senhor, para que neste instante desapareça a terrível dor que tanto faz sofrer... *(aqui o nome do doente)* e que o impede de ouvir as dulcíssimas e celestiais notas de vossas divinas músicas.

Santa Cecília, sois a bondade personificada.

Santa Cecília, rogai por... (o nome).

Santa Cecília, rogai por nós.

Amém.

CONTRA ÚLCERAS

Esta oração deve ser rezada durante nove dias seguidos e três vezes ao dia, tendo sempre no peito a Cruz de Caravaca. Após cada prece, rezam-se três Pais-Nossos e três Ave-Marias em intenção das cinco sagradas chagas de Nosso Senhor Jesus Cristo e do sangue derramado por São Sebastião.

Magnânimo São Sebastião, que tanto sofrestes por amor de Nosso Senhor e que pela vossa infinita crença na eterna bem-aventurança dos céus tanto sangue derramastes, todo contrito e possuído de ilimitada fé, de joelhos venho suplicar que concedais a graça de interceder junto ao Pai Eterno e de seu Santíssimo Filho, para que... *(diga-se o nome do doente)* se veja livre da úlcera que tão cruciantes sofrimentos lhe causa.

São Sebastião, esta súplica vos é dirigida em nome do santo sangue que derramastes sem uma queixa, sem o menor lamento, com a serenidade dos justos e dos que sabem que os céus são o seu reino.

São Sebastião, misericordioso, rogai por todos os crentes que neste mundo pecador sofrem.

São Sebastião, rogai por nós.

Em nome do Pai, do Filho e do Espírito Santo. Amém.

CONTRA DORES DE CABEÇA

Quando se fizer esta oração, deve-se ter junto do peito a Cruz de Caravaca. Faz-se o sinal-da-cruz antes e rezam-se, ao final, cinco Ave-Marias e cinco Salve-Rainhas, em honrada Santíssima Trindade.

A Santíssima Virgem Maria concebeu Nosso Senhor Jesus Cristo, enviado à Terra para redimir e indicar aos pecadores o verdadeiro caminho que conduz aos céus.

Nosso Senhor Jesus Cristo veio ao mundo por obra e graça do Todo-Poderoso.

Nosso Senhor Jesus Cristo sofreu a Santa Paixão.

Nosso Senhor Jesus Cristo foi crucificado pelos ímpios, que Ele perdoou mesmo na hora da morte.

Nosso Senhor Jesus Cristo ressuscitou.

Nosso Senhor Jesus Cristo é o nosso Rei.

E pela Santíssima Trindade e pelas cinco chagas abertas ao sacratíssimo corpo de Nosso Senhor Jesus Cristo, rogamos aos céus que me desapareçam as dores de cabeça, que tantos sofrimentos me estão causando.

Em nome do Pai, do Filho e do Espírito Santo. Amém.

CONTRA OS TUMORES

Esta oração deve ser rezada durante cinco dias seguidos, pela manhã e à noite, tendo o cuidado de conservar sempre a Cruz de Caravaca. Após cada reza, três Pais-Nossos e três Credos, por intenção da Santíssima Trindade.

Em nome do Pai, do Filho e do Espírito Santo, eu ordeno que estes tumores malignos desapareçam do corpo de... *(aqui o nome do doente)*, da mesma forma como desaparece o diabo ao ver a sacratíssima Cruz.

Devem ir de vez e não mais voltar, para sossego desta criatura de Deus, que em Deus crê e seu Santo Nome louva e glorifica a todas as horas do dia e a todas as horas da noite.

Santo, Santo é o Senhor Deus dos exércitos; cheia está a Terra de sua glória. Amém, Jesus.

CONTRA MOLÉSTIAS DESCONHECIDAS

Quando não se souber de que enfermidade padece o doente, reza-se esta oração, que é de comprovada eficácia. Terminada, elevem ser rezados, de joelhos, o Credo e uma Salve-

Rainha à Nossa Senhora. Sobre o enfermo, deve ser espargida água benta.

Eu *(o nome do que reza)*, como criatura de Deus, feito à sua semelhança e com o seu sangue redimido, ponho preceito aos teus padecimentos... *(o nome do doente)*, assim como Jesus Cristo aos enfermos da Terra Santa e aos paralíticos de Sidónia; pois assim eu vos peço, Senhor meu Jesus Cristo, que vos compadeçais deste vosso servo e não o deixeis, Senhor, sofrer mais tribulações da vida.

Lançai sobre este vosso servo a vossa santíssima bênção, e eu direi, com autoridade do teu e meu Senhor, que desapareçam todos os teus grandes padecimentos.

Amabilíssimo Senhor Jesus, verdadeiro Deus, que do seio do Eterno Pai Onipotente fostes mandado ao mundo para absolver os pecados, absolvei, Senhor, os que esta miserável criatura tiver cometido; vós, que fostes mandado ao mundo para remir os aflitos, soltar os encarcerados, congregar vagabundos, conduzir para sua pátria os peregrinos, fazei com que este enfermo encontre o caminho da salvação e da saúde, porque ele está verdadeiramente arrependido.

Em nome do Pai, do Filho e do Espírito Santo. Amém.

CONTRA A FEBRE

Quando o doente estiver febril e esse estado não se souber do que provém, deverá ser rezada a seguinte oração que o paciente logo retornará ao seu estado normal.

Após a prece, uma Ave-Maria e um Pai-Nosso, por intenção da Santíssima Trindade. Faça-se, também, o sinal-da-cruz, antes e depois da oração, bem como se conserve a Cruz de Caravaca junto ao peito.

Senhor, meu Jesus, que por nós, pecadores, tanto sofrestes, dignai-vos livrar este servo da moléstia de que está padecendo, da aflição em que o vejo, porque vós recebestes de Deus Pai Todo-Poderoso o gênero humano para o ampardes.

Feito homem prodigiosamente, comprastes-nos o Paraíso com o vosso precioso sangue, estabelecendo uma inteira paz entre os Anjos e os homens.

Assim, pois, dignai-vos, Senhor, a estabelecer uma paz entre meus humores e a alma, para que... *(aqui se pronuncia o nome do doente)* e todos nós vivamos com alegria, livres de moléstias, tanto do corpo como da alma.

Sim, meu Deus e meu Senhor, resplandeça pois a vossa paz e a vossa misericórdia sobre mim e todos nós.

Assim como praticastes com Esaú, tirando-lhe toda a aversão que tinha contra seu irmão Jacó, estendei, meu Senhor Jesus Cristo, sobre... *(o nome)*, criatura vossa, o vosso braço e a vossa graça e dignai-vos livrá-lo de todos os que lhe têm ódio, como livrastes Abraão das mãos dos charleus; seu filho Isaac, da consciência do sacrifício; José, da tirania de seus irmãos; Noé, do dilúvio universal; Loth, do incêndio de Sodoma; Moisés e Aarão, vossos servos, e o povo de Israel, do poder do faraó e da escravidão do Egito; Davi, das mãos de Saul e do gigante Golias; Suzana, do crime e testemunho falso; Judite, do soberano e impuro Holofernes; Daniel, da cova dos leões; os três mancebos Sidrath, Misach e Abdemago, da fornalha do fogo ardente; Jonas, do ventre da baleia; a filha da Cananéia, da vexação dos demônios; Adão, da pena do inferno; Pedro, das ondas do mar; e Paulo, das prisões dos cárceres. Assim, pois, amabi- líssimo Senhor Jesus Cristo, filho de Deus Vivo, atendei também a mim, criatura vossa, e vinde, com presteza, em socorro de... *(o nome)*, pela Vossa Encarnação e Nascimento, pela fome, pela sede, pelo frio, pelo calor, pelos trabalhos e aflições, pelas salivas e bofetadas, pelos açoites e coroas de espinhos, pelos cravos, fel e vinagre e pela cruel morte que por nós padecestes, pela lança que transpassou vosso peito e pelas palavras que na cruz dissestes, em primeiro lugar, a Deus, Pai Onipotente:

– *Perdoai-lhes, Senhor, porque não sabem o que fazem.*

Depois, ao bom ladrão, que convosco estava crucificado:

– *Digo-te, na verdade, que hoje estarás comigo no Paraíso.*

Depois, ao Pai:

– *Heli, Heli, lamma sabactani?* ("Meu Deus, meu Deus, por que me abandonastes?")

Depois, à Vossa Mãe:

– *Mulher, eis aqui o teu filho.*

Depois, ao discípulo:

– *Eis aqui a tua mãe* (mostrando que cuidáveis de vossos amigos).

– *Tenho sede* (porque desejáveis a nossa salvação e das almas santas que estavam no Limbo).

Depois, dissestes ao Vosso Pai:

– *Nas vossas mãos encomendo o meu espírito.*

E, por último, exclamastes:

– *Está tudo consumado.*

Porque estavam concluídos todos os vossos trabalhos e dores.

Dignai-vos, pois, Senhor, que, desde esta hora em diante, jamais esta criatura... *(o nome)* sofra desta moléstia, que tanto a mortifica.

Rogo-vos por todas estas coisas e pela vossa Ressurreição gloriosa, pelas freqüentes consolações que destes aos vossos discípulos, pela vossa admirável ascensão, pela vinda do espírito, pelo tremendo dia do Juízo, como, também, por todos os benefícios que tenho recebido da vossa bondade (porque vós me criastes do nada e vós me concedestes a vossa santa fé). Por tudo isso, meu Redentor, meu Senhor Jesus Cristo, humildemente, vos peço que lanceis a vossa bênção sobre esta criatura enferma.

Em nome do Pai, do Filho e do Espírito Santo. Amém.

CONTRA OS VERMES

Com a Cruz de Caravaca junto ao peito, esta oração deve ser rezada três vezes consecutivas e durante três dias, incluindo-se três Pais-Nossos e três Salve-Rainhas, em louvor de Nosso Senhor Jesus Cristo.

Ó Deus de Abraão, ó Deus de Isaac e Deus de Jacó, compadecei-vos desta vossa... *(o nome do do-*

ente); mandai para seu socorro o vosso São Miguel Arcanjo, que lhe dê saúde e a defenda. E vós, Miguel Santo, Santo Arcanjo de Cristo, defendei e curai este servo (ou serva) do Senhor, que vós merecestes do Senhor ser bem-aventurado e livrar as criaturas de todos os perigos.

Eis aqui a cruz do Senhor, que vence e reina.

Ó Salvador do mundo, salvai-o; salvador do mundo, ajudai-me. Vós que pelo vosso sangue e pela vossa cruz remistes, salvai-me e curai-me de todas as moléstias (tanto do corpo como da alma). Eu vos peço tudo isto por quantos milagres e passadas destes sobre a Terra, enquanto homem.

Oh, Deus Santo! Oh, Deus forte! Oh, Deus imortal! Tende misericórdia de nós. Cruz de Cristo, salvai-me; cruz de Cristo, protegei-me; cruz de Cristo, defendei-me em nome do Pai, do Filho e do Espírito Santo. Amém.

CONTRA OS RESFRIADOS

Esta prece, de efeito radical contra todas as espécies de resfriados, deve ser rezada pelo próprio paciente, três vezes ao dia, e tendo ele na mão a Cruz de Caravaca. A seguir, rezará um Credo e um Pai-Nosso, dedicado à Santíssima Trindade.

Oh, meu Deus, atendei-me.

Oh, meu Deus, ajudai-me.

Oh, meu Deus, sede piedoso para comigo.

Oh, meu Deus, rogai por mim.

Oh, meu Deus, olhai por mim.

Oh, meu Deus, rogai por nós.

Este vosso humilde servo está sofrendo muito, oh, meu Deus.

Mas sofrendo calado, certo de que vosso auxílio não tardará e que ele logo estará curado, graças à vossa sempre misericordiosa e divina intervenção, oh, meu Deus Onipotente.

Contrito, cheio de fé, crente em vosso poder e esperando pela vossa esplendorosa e ilimitada magnanimidade, este vosso ínfimo escravo aguarda pelas vossas benditas graças, oh, meu Deus.

Oh, meu Deus, atendei-me.

Oh, meu Deus, ajudai-me.

Oh, meu Deus, sede piedoso para comigo.

Oh, meu Deus, olhai por mim.

Oh, meu Deus, rogai por mim.

Oh, meu Deus, rogai por nós.

Em nome do Pai, do Filho e do Espírito Santo. Amém.

SEGUNDA PARTE

Orações que se Destinam a Obter as Graças
de Deus Todo-Poderoso,
de Nosso Senhor Jesus Cristo e
da Santíssima Trindade

PERDOAI-NOS, DIVINO JESUS

Para esconjurar os malefícios dos maus espíritos e dos demônios infernais.

Oh! Verbo, que o haveis encarnado, cravado em uma cruz, sentado à direita de Deus Pai, eu vos adoro por Vosso Santo Nome, à pronúncia do qual todo homem se humilha, que ouvis as súplicas de todos os que confiam e crêem em vós, dignai-vos a preservar esta criatura... *(aqui o nome)*, por Vosso Santo Nome, pelos fins e a pureza com que vos dignastes honrar a Santíssima Virgem, vossa mãe, pelas súplicas, dignidades e virtudes de todos os santos de Deus (de todo ataque de malefício por parte dos demônios e dos maus espíritos). A vós esta súplica, a vós que viveis e reinais com Deus Pai e o Espírito Santo em perfeita união.

Aqui tendes a cruz de Nosso Senhor Jesus Cristo, a cruz da qual depende a nossa saúde e nossa vida, nossa ressurreição espiritual, a confusão de todos os demônios e maus espíritos. Fugi, pois, marchai daqui, demônios, inimigos conjurados dos homens, em nome de Jesus Cristo; porque eu vos esconjuro, demônios infernais, espíritos malignos, qualquer que sejais, presentes ou ausentes, sob qualquer pretexto chamados ou combinados, por vossa vontade ou força, ameaças, artifício de homens ou mulheres más, morando ou por habitar: eu vos conjuro outra vez, por temerários e obstinados que sejais, em obedecer e deixar a esta criatura... *(pronunciar o nome da pessoa)*, filha de Deus e redimida de Deus e pertencente a Deus; e assim vos mando pelo grande Deus vivente, pelo verdadeiro Deus, pelo Deus santo, pelo Pai, pelo Deus Filho e pelo Deus Espírito Santo, também Deus, mas, principalmente, por Jesus por Aquele que foi imolado em Isaac, vendido em José, que sendo homem foi crucificado, que foi como que degolado como cordeirinho; pelo sangue d'Aquele a cujo mandato São Miguel combateu contra vós, demônios, e vos fez fugir quando tentastes apresentar-vos e sentar-vos no Trono de Deus. Quem, como Deus, é forte e santo? Eu vos proíbo de Sua parte e com Sua autorização, que, sob qualquer pretexto que seja, façais qualquer mal a essa criatura... *(pronunciar o nome da pessoa)*, nem a nós, nem nela morar nem neste lugar, nem dentro ou fora de seu corpo, nestas paragens, a cem léguas ao redor que durma, que vele, que coma, que reze, que trabalha ou me atue natural ou espiritualmente. Eu vos digo que, se sois rebelde à minha vontade, válido como estou por ordem de Deus e por Sua graça e misericórdia, embora indigno desses favores, mas cheio de comunhões de todos os Santos: São

Pedro e São Paulo, Santo Antônio de Pádua e Santo Antônio Abade, São Benito e São Cipriano; desfaço todos os vossos enredos e compromissos de todos os magos, bruxos e bruxas; caracteres hieróglifos e até as próprias assinaturas e pactos com palavras e ações, de todas as matérias vegetais, sangue, animais, com o nome das três vezes Santa Trindade, Santo Deus, Deus, forte Deus imortal, com o qual estamos seguros e livres de vosso mal: Ogios, Soher, Messias, Emanuel, Sabahet, Ademay, Athanato, Ischiro, Jeová, Profeta, Caminho, Verdade, Vida, Eternidade, Glória, Tetragammaton. Quem é como Deus? Eu vos conjuro, em seu nome, por seus santos nomes, por seus méritos e virtuosa glória, a marchar imediatamente, bem como desfaço todo vosso encanto e possessão. Largarot Alponidos, Paatia, Crat, Con- dião, Lamacrão, Frondão, Arpagão, Artamar, Bour- gasis veniat Serebani, Et Verbum varo factum est, et habitabit innobis, e vos condeno, de parte da mui Santa Trindade, a que ides ao lago de fogo e de enxofre, onde sereis levados e atormentados pela voz do bem-aventurado São Miguel; e se sois forçados a fazer mal por algum mandato - seja dando-lhe culto ou adoração e perfumes, ou que tenhais deitado alguma sorte por palavras ou por magia, seja sobre ervas, sobre pedras ou ar, na água de fontes, rios, lagoas, tanques ou no mar, ou que isso se tenha processado natural ou simplesmente ou composição: e que essas sejam temporais ou se tenham empregado em nome de Deus ou de seus anjos; que se tenham servido de caracteres, que tenham examinado as horas, minutos, dias, semanas, meses ou anos – é o mesmo. Embora hajam feito convosco algum pacto tácito e manifesto, ainda que tenha sido com juramento solene, eu quebro e destruo e dou por nulas todas essas coisas pela virtude e poder de Deus Pai, que criou todas as coisas; pela sabedoria do Filho, Redentor de todos os homens, e pela vontade do Espírito Santo. Tratai de ouvi-lo como o escudo de São Miguel, onde diz: "Quem é como Deus?" Em uma palavra, por aquele que cumpriu inteiramente a lei, que era, é e será sempre Onipotente: Agios, Athanatos, Sother, Te-grammaton, Jeová, Alfa e Omega, princípio e fim; em uma palavra, que todo o poder infernal seja destituído e fuja desta criatura... *(pronunciar o nome da pessoa)* e destes lugares, pelo sinal da santa cruz, sobre a qual Jesus Cristo morreu, e pela encarnação dos Santos Anjos, Arcanjos, Patriarcas e Profetas, Apóstolos, Mártires e Confessores, Virgens e Viúvas e da Virgem Maria e, generalizando, de todos os santos que desfrutam da presença de Deus desde a criação do mundo, como também das almas santas que vivem sob a Igreja de Deus. Rendei vossa homenagem a Deus muito alto e poderoso e que ela penetre em seu sólio (trono), como a fumaça daquele peixe que foi queimado pelo Arcanjo São Rafael: desaparecei daqui, como o imundo que fugiu diante da casta Sara. Que todas estas palavras sagradas e bênçãos vos façam andar e não permitam que vos acerqueis mais dessa criatura... *(pronunciar o nome da pessoa)*, que tem a honra de levar em sua fronte a marca e sinal da redenção e Santa Cruz, pois o mandato que eu faço agora não saiu de mim e, sim, do que foi enviado pelo Senhor, Pai Eterno, a fim de destruir vossos malefícios e isso fez padecendo a morte na madeira santa cruz e nos deu o poder de vos mandar sair, por sua glória e utilidade dos fiéis redimidos; assim vos prevenimos, segundo o poder recebido de Nosso Senhor Jesus Cristo e em seu nome, que fujais, não vos acercais mais dessa criatura... *(pronunciar o nome da pessoa)*, nem a estes lugares; fugi e desaparecei da vista da cruz. O Leão da tribo de Judá venceu, assim como a família de David. Aleluia. Amém.

(Três Pais-Nossos em honra da Santíssima Trindade e das almas do Purgatório.)

A VERDADEIRA E MILAGROSA CRUZ DE CARAVACA

Esta cruz tem muita e eficaz virtude contra pestes. E um especial preservativo e antídoto contra o veneno, feito pelo demônio, no corpo ou outro qualquer lugar; não há tristeza, nem má sombra na habitação em que estiver posta, onde reinará paz e alegria; está destinada contra todos os encantos e malefícios diabólicos. Livra-nos de raios e serve de refúgio às tempestades. Socorre no parto. É remédio da gota serena. E medicina nos outros males. É arma poderosa contra toda tentação, particularmente contra a impureza. Livra o gado das enfermidades. Finalmente, destrói as maquinações do inimigo comum e dá aos aflitos e tentados consolo, fortaleza e alívio na vida e na morte.

MODO DE USAR A CITADA CRUZ

Deve-se levá-la junto ao corpo. Colocar-se-á em quadro ou nas portas dos quartos ou outro qualquer lo-

A Verdadeira e Milagrosa Cruz de Caravaca

cal da casa. Em caso de enfermidade, pode-se pôr na parte enferma do corpo. Beijando-a, ganham-se muitíssimas indulgências.

Ern todas as ocasiões em que se deve fazer uso da citada cruz, rezam-se cinco Glórias-ao-Pai, a Paixão-de-Jesus-Cristo e três Ave-Marias à Virgem Santíssima e um Pai-Nosso a São Benito, cujas preces se aconselha mais abundantemente o fruto desta devoção.

Isto se tirou do Livro II da vida de São Benito, escrito por São Gregório, Papa e Doutor.

E dizendo cada dia, diante da mencionada cruz, a seguinte oração de São Benito, revelou este Santo a Santa Gertrudes que assistira à hora da morte, para se opor poderosamente a todos os ataques e poder infernal do inimigo, do devoto que a houvesse rezado diariamente. E Clemente XIV concedeu indulgência plenária ao que cada vez a rezou.

EXPLICAÇÃO DAS LETRAS

As quatro letras colaterais, ou dos ângulos da cruz, C. S. P. B., significam *Crux Sancti Patris Benedicti:* Cruz do Santo Padre Benito.

As cinco da fachada perpendicular da mesma, C. S. S. M. L., representam *Crux Sacra Sit Mini Lux* (A Santa Cruz Seja Luz para Mim).

As outras cinco horizontais: N. D. S. H. D.: *Non Draco Sit Hihi Dux* (Não Seja o Dragão – ou Demônio – o Meu Guia).

Finalmente, sobre a fachada da eclipse, principiando por baixo, e voltando para baixo as quatorze letras seguintes: V. R. S. N. S. M. V. S. M. Q. L. I. V. B., temos: *Vana Mala Quae Libas Ipsa Vevena Bibas* (Para Trás Satanás! Nunca Possas Persuadir-me da Vaidade. São Más as Coisas que Propagas. Ah! Bebe os mesmos venenos!).

ORAÇÃO

Esta oração priva todos os inimigos de ver o que faz a prece, desde que se rezem seis Pais-Nossos e o Credo.

No horto de Diviseu está São João e Homini Deo:
– Senhor, se virdes vir os meus inimigos, deixai-os

vir; guardai-me, apenas; e todos os que estão ao meu lado trazem os olhos vendados e o coração martelado: tenho o sangue de meu Senhor Jesus Cristo e valham-me as palavras do Pão consagrado.

AO CORAÇÃO AGONIZANTE DE JESUS

Oh, misericordioso Jesus, abraçado em ardente amor das almas! Pelas agonias de vosso sacratíssimo coração e pelas dores de vossa imaculada Mãe, eu vos suplico que laveis com vosso precioso sangue as manchas e os erros de todos os pecadores que se encontram na agonia e têm de morrer hoje. Amém.

Oh, coração agonizante de meu amado Redentor! Tende misericórdia dos infelizes moribundos. Amém.

A JESUS CRUCIFICADO

Olhai-me, oh amado e bom Jesus, prostrado em vossa santíssima presença, a vos rogar com o maior fervor para que inculqueis em meu coração os sentimentos de fé, esperança, caridade, dor de meus pecados e propósito de jamais vos ofender; enquanto isso, eu, com todo o amor e compaixão de que sou capaz, vou considerando vossas cinco chagas, começando por aquilo que disse o santo profeta Davi: *Paralisaram minhas mãos e meus pés e se podem contar todos os seus ossos!*

ORAÇÃO PARA RENDER GRAÇAS

Com esta prece, rezada logo ao levantar, em jejum, obtêm- se 40 dias de indulgência.

Sumamente agradecido, Onipotente e Eterno Deus, eu vos adoro, louvo e bendigo vosso santíssimo nome, pela mercê que me fizestes, sendo um verme vil, permitir que tivesse em minhas mãos pecadoras o Corpo sacramentado e vosso Unigénito Filho. E Vós, meu amado Jesus, que não olhando as minhas culpas, Senhor, dignastes a vos hospedar em meu peito, dando-me vossa bênção e graça para vos louvar e vos ser agradecido a tão alto benefício, fazei que esta Comunhão seja desterro de meus vícios e freio que ponha rédea aos meus torpes apetites, seja aumento de humildade, caridade e demais virtudes que minha profissão de fé pede, seja escudo que me defenda de todos os meus inimigos e seja quem governe minhas obras, palavras e pensamentos, para que em tudo possa fazer a vossa santa vontade, por último, vos rogo que assistais a toda a Igreja e governeis, acrescenteis e façais prosperar os seus filhos com a saúde da alma e do corpo e que haja firme paz e concórdia entre os príncipes cristãos, que nos concedais bens temporais e frutos de mar e terra: que reprimais e humilheis todos os vossos inimigos, visíveis e invisíveis, que desterreis os erros, escândalos e heresias e convertais à fé todos os seres humanos. Amém.

A NOSSO SENHOR JESUS CRISTO

Esta prece é dedicada ao Rastro da Paixão, quando levaram Nosso Senhor Jesus Cristo ao monte do Calvário e ao desconsolo da Virgem Santíssima, procurando Seu Filho e encontrando-o na Rua da Amargura, os quais unicamente com os olhos se saúdam. A seguir, devem-se rezar três Credos a Cristo crucificado e uma Salve-Rainha.

Jesus Cristo desapareceu. A Virgem Maria vai procurá-lo de horto em horto e de roseira em roseira. Debaixo de um roseiral branco encontra-se um pequenino hortelão e a Virgem suplica: "Por Deus, hortelãozinho, dize-me a pura verdade: não viste Jesus, o Nazareno, passar por aqui?" Ao que respondeu o interpelado: "Sim, senhora, eu o vi antes de o galo cantar. Leva uma cruz aos ombros, que o faz baixar-se, e uma coroa de espinhos que o transpassa e uma corda na garganta que vai a puxar. Encontra-se entre inúmeros judeus." Caminhemos para o Calvário, Virgem Pura! Por mais depressa que andemos, já o terão crucificado. Eis que já lhe cravam os pés e já lhe cravam as mãos e já lhe dão uma lançada em suas divinas costas. O sangue por Ele derramado está no cálice sagrado; o homem que o beber será bem-aventurado, será rei neste mundo e no outro, coroado. Quem esta oração disser, em todas as sextas-feiras do ano, tirará uma alma da pena e livrará a sua do pecado: será feliz guardado. Quem a sabe, não a diz, quem a ouve e não a aprende, no Dia do Juízo, verá o que com ele sucederá. Amém, Jesus.

A MÃE DE DEUS

Não há coisa mais agradável e gloriosa para Deus que esta repetição fiel, devota, nem punhal mais doloroso para o demônio, como se depreende do capítulo 119 do "prado espiritual". Valha-se também da intervenção da Virgem e Mãe de Deus, singular protetora e advogada dos aflitos, dizendo a seguinte oração:

Mãe de toda a piedade, lembrai-vos de que, desde que o mundo é mundo, não se sabe que tenhais deixado sem consolo a quem chegou consolo vos pedir; não se ouviu jamais dizer que quem chegou aos vossos olhos com misérias, deixasse de sair de vossa presença soberana senão remediado; e assim confiado em vossas piedosas entranhas e liberal condição, me atiro a vossos pés; não queirais, ó mãe do Verbo e Palavra Eterna, desprezar meus rogos e súplicas e ouvi-me propiciamente e outorgai-me o que com lágrimas de meu coração vos suplico! Amém.

(Com esta oração, o venerável Francisco Salésio alcançou vitória em uma gravíssima tentação do demônio, e os energúmenos também podem esperá-ia.)

ORAÇÃO

Pelo sinal da Santa Cruz de nossos inimigos. Libertai, Senhor Deus, esta nossa casa e todos os que nela vivem. Nós vos pedimos em nome do Pai, do Filho e do Espírito Santo. Amém.

OUTRA ORAÇÃO

Oh, santíssima Cruz! Oh, inocente e piedoso Cordeiro! Oh, pena grave e cruel! Oh, pobreza de Cristo, meu Redentor! Oh, chagas mui lastimadas! Oh, coração transpassado! Oh, sangue de Cristo derramado! Oh, amarga morte de Cristo! Ajudai-me, Senhor, a alcançar a vida eterna. Amém.

PRECE AO SANGUE DE CRISTO

Após feita esta oração, devem-se dizer um Pai-Nosso, uma Ave-Maria e um Glória-ao-Pai, pelas necessidades da Igreja, do Sumo Pontífice e de todo o mundo.

Bendito, louvado e adorado seja o puríssimo e preciosíssimo sangue de Nosso Senhor Jesus Cristo. Seja para sempre bendito, louvado e adorado, agora e em todos os séculos.

A JESUS CRISTO

Esta prece destina-se a louvar Nosso Senhor Jesus Cristo e a alcançar graças, devendo ser rezada três vezes.

Jesus tenho no coração, Jesus tenho na boca, Jesus me defenda a alma e a casa. Amém.

AO CORAÇÃO DE JESUS

Esta oração deve ser rezada três vezes e pela manhã, em jejum.

Jesus seja meu guia. Jesus seja minha defesa. Jesus seja minha recompensa. Bendito e louvado o coração de Jesus. Amém.

À SANTÍSSIMA TRINDADE

Em nome do Pai, do Filho e do Espírito Santo. Amém.

Pelo amor da Santíssima Trindade e pelo poder do Criador, tenha eu virtude e poder para desfazer encantamentos, ligamentos, feitiços, obsessões e todo o mal dado ou atirado por qualquer malefício. Que todas as ações dos ladrões, traidores e toda classe de inimigos fiquem destruídas por mim... *(aqui se pronuncia o nome)*, em virtude e poder de meu Anjo protetor e Deus, o Criador.

Que sejamos guardados, minha família, eu e demais pessoas que me querem bem; e os inimigos e adversários, pelo poder do Criador e pelo que me deixou São Cipriano e o Redentor, fiquem ligados e cortados de seus passos, pensamentos e ações.

Pelo poder da Santíssima Trindade, o Anjo, quando me convenha, fique invisível ou multiplicado.

Pelo poder que José e seu irmão Benjamim tiveram sobre o rei Faraó, fique eu sempre livre e vitorioso sobre os meus inimigos.

Pelo poder que teve o grande São Cipriano e Santa Justina, e pela glória, poder e virtude de Santo Agostinho, que foi consagrado pelo Redentor e a Virgem do Carmo, tenha eu também prosperidade, virtude e força, porque sou criatura que leva o sangue de Jesus. Amém.

(Feita esta oração, rezam-se três Pais-Nossos e Ave-Marias, em honra da Virgem do Carmo, para que nos dê a salvação.)

SAUDAÇÕES ÀS SACRATÍSSIMAS CHAGAS DE NOSSO SENHOR JESUS CRISTO

A do pé esquerdo

Saúdo-te, ó santíssima chaga de meu Senhor Jesus Cristo, e por ela vos peço, Senhor, que me perdoeis de tudo o quanto vos ofendi, com todos meus passos e movimentos.

(Pai-Nosso e Glória-ao-Pai.)

A do pé direito

Saúdo-te, ó sacratíssima chaga de meu Senhor Jesus Cristo, e por ela vos peço, Senhor, que me perdoeis de tudo quanto vos ofendi, com todas minhas ações e palavras.

(Pai-Nosso e Glória-ao-Pai.)

A da mão esquerda

Saúdo-te, ó santíssima chaga de meu Senhor Jesus Cristo, e por ela vos peço, Senhor, que me perdoeis de tudo o quanto vos ofendi, com minha vista e demais sentidos.

(Pai-Nosso e Glória-ao-Pai.)

A da mão direita

Saúdo-te, ó santíssima chaga de meu Senhor Jesus Cristo, e por ela vos peço, Senhor, que me perdoeis de tudo o quanto vos ofendi, com o mau emprego da minha memória, entendimento e vontade.

(Pai-Nosso e Glória-ao-Pai.)

As das santíssimas costas

Saúdo-te, ó santíssima chaga de meu Senhor Jesus Cristo, e por ela vos peço, Senhor, que assim como foi ferido vosso coração pelo ferro da lança e o de vossa Mãe doloríssima com o punhal de sua dor, assim penetrem o meu vossas soberanas luzes, para sempre vos amar e nunca mais vos ofender, querendo antes morrer a pecar. Amém.

(Pai-Nosso e Glória-ao-Pai.)

JESUS, MARIA E JOSÉ

Aqui temos a cópia de uma carta milagrosa, cópia esta feita em 6 de julho do ano de 1892. A carta caiu dos céus às mãos de um sacerdote chamado Nicola Vicente, quando celebrava missa na Igreja de São Pedro, em Roma. A carta somente foi explicada por um menino surdo-mudo, chamado Angelo, em vista de cujo prodígio Sua Santidade resolveu que fosse copiada ao pé da letra. Diz assim a carta em apreço:

Meus filhos muito queridos e redimidos com meu Sangue, que derramei na Cruz por vós.

Se não fora pelos rogos de minha Santíssima Mãe e dos Santos de vossa devoção, eu já vos teria confundido em vossas maldades; e previno-vos de que se não vos emendardes e guardardes as festas, especialmente os domingos, passareis a entrar em penas e a sofrer fome e sede e não mais lograreis nenhuma coisa boa.

Se não fizerdes assim, aos primeiros dias de agosto vereis um sol que vos causará profundo temor.

Eu vos ordeno que façais penitência; caso contrário, tereis trabalhos e tormentos. E não façais escândalos.

Não vos lembreis das almas que vos fizeram mal; portanto, eu vos ordeno que as encomendeis ao Senhor, criador de todas as coisas, dando esmolas (os que possam), e não jureis em vão meu Santo Nome.

Não profaneis o sinal-da-cruz, não guardeis rancor nenhum, uns com os outros; se não fazeis penitência de vossas culpas, a Terra vos se abrirá e vos tragará e ardereis em chama viva.

Eu vos encarrego de rezar à minha Santíssima Mãe, Santa Catarina, Santa Ana e São Domingos de Gusmão, pois, se não fora pelos rogos que por vós fazem sobre a Terra, já teria caído o raio da minha Divina Justiça.

Se alguém disser que este original é de um homem e não de Deus Todo-Poderoso, será maldito do céu e da Terra; as pessoas que levarem cópia desta carta serão benditas, elas e suas famílias, e no dia (de um povo a outro) do Juízo serão perdoadas de seus pecados e postas à minha direita e em mim encontrarão alegria.

O que desprezar esta carta será maldito do céu e da Terra e experimentará o rigor de Deus Todo-Poderoso, assim como a pessoa que de seus bens der alguma esmola, para que se traslade esta carta a todos os povos, será bendita do céu e da Terra.

Eu vos mando que socorrais os pobres e todos os que se encontram necessitados.

Amareis o vosso próximo e sobretudo a Deus Todo-Poderoso de todo coração; e se assim não fizerdes, a maldição de Deus será para vós e tereis guerra, peste, calamidade e trabalhos.

Devereis recordar de memória, cinco vezes ao ano, esta carta, que sois obrigados a guardar com toda devoção, afeto e fidelidade. Dá-la-eis a copiar aos que pedirem, e os que a guardarem e publicarem-na terão grandes trabalhos até o dia do Juízo. O cristão que a copiar e divulgar será bendito de Deus; e, embora tenha pecados, que não permitem sua entrada no céu, será perdoado.

Entre outras virtudes, a particular é que se se põe sobre uma mulher que estiver de parto, parirá com a maior facilidade, por cujo benefício ficará obrigada a rezar três Ave-Marias em honra e glória de Minha Santíssima Mãe, Virgem da Concepção e concebida em graça e sem pecado original.

O MAGNIFICAT

Com esta oração, rezada com toda fé e contrição, alcança-se a proteção da Virgem Santíssima.

Glorificai minh'alma, Senhor.

E meu espírito está transportado de gozo no Deus, meu Salvador.

Porque pôs seus olhos na baixeza de sua escrava; portanto, desde agora me chamarão bem-aventurada em todas as gerações.

Porque fez em mim coisas grandes o Todo-Poderoso, cujo nome é santíssimo.

E cuja misericórdia se estende de gerações em gerações a todos os que o temem.

Deu grandes mostras do sublime poder de seu braço; desbaratou os soberbos.

Derrubou de sólio os poderosos e exaltou os humildes.

Cumulou de bens os pedintes, esfomeados e aos ricos os despediu sem nada.

Acolheu a Israel, seu servo, recordando-se de sua misericórdia.

Segundo prometeu a nossos pais, Arão e seus descendentes pelos séculos dos séculos.

Gloria Patri, et Filho et Spiritu Sanctu.

O Senhor seja conosco.

E com seu Espírito.

Bendigamos ao Senhor

Graças sejam dadas a Deus.

E que as almas dos fiéis mortos descansem em paz pela infinita misericórdia de Deus.

O BENEDICAT

É este o cântico de louvor ao Senhor e com ele se alcança a clemência divina.

Louvai Jeová nos céus, louvai-o nas alturas.

Louvai todos os seus anjos, louvai todos os seus exércitos.

Louvai céus dos céus, e as águas que estão sobre os céus.

Louvemos estas coisas em nome de Jeová, porque Ele o mandou e por Ele foram criadas.

Louvai o Jeová da Terra, os dragões e os abismos.

Louvai o fogo e o granizo, a neve e o vapor, e o vento da tempestade que sua palavra executa.

Louvai os montes, as árvores de fruto e os cedros.

Louvai os reis da Terra e todos os povos; os príncipes e todos os juízes da Terra.

Louvai os mancebos e também as donzelas; os velhos e as crianças.

Louvai em nome de Jeová; porque somente o seu nome é elevado e sua glória se estende pela Terra e pelos céus.

Ele elevou o poder de seu povo; louvai-o todos os seus santos, os filhos de Israel e o povo dele mais próximo.

O MISERERE

Dito com toda fé e contrição, este cântico alcança o perdão de todos os pecados.

Tem piedade de mim, ó Deus!, conforme a tua infinita misericórdia e conforme a multidão de tuas piedades consegue fazer desaparecer todas as minhas rebeliões.

Lava-me mais e mais de minha maldade e limpa-me de todos os pecados por mim cometidos.

Porque eu reconheço as minhas rebeliões e todos os meus pecados se encontram diante de mim.

A ti, a ti somente eu pequei e cometi o mal diante de teus olhos; eu assim confesso para que seja reconhecido como justo em tua palavra e tido por puro em teu juízo.

Em maldade eu fui formado e em pecado me concebeu minha mãe.

Tu amas a verdade no íntimo e em segredo me fizeste compreender tua ilimitada, enorme sabedoria, que por todos é reconhecida e proclamada.

Purifica-me e serei limpo; lava-me e ficarei mais embranquecido que a própria neve.

Fez-me ouvir o gozo e a alegria e se recrearão os ossos que abateste.

Esconda teu rosto de meus pecados e faze desaparecer todas as minhas maldades.

Cria em mim, ó meu Deus!, um coração limpo; e renova um espírito reto dentro de mim.

Não me expulses da tua presença; e não tires de mim teu Santo Espírito.

Faz-me voltar o gozo de tua saúde e faz que o espírito livre me sustente.

Ensinarei aos prevaricadores teus caminhos; e os pecadores se converterão em ti.

Livra-me de homicídio, ó Deus! (Deus de minha saúde; cantará minha língua a tua justiça.)

Senhor, abre meus lábios e minha boca publicará teu louvor.

Porque tu não queres o sacrifício que eu de bom grado faria; não queres o meu holocausto.

Os sacrifícios de Deus são o espírito pranteado; ao coração contrito e humilhado tu não desprezarias, ó Deus.

Faz bem, com tua benevolência, a Sião; edificarás os muros de Jerusalém.

MILAGRE QUE REALIZOU NOSSO SENHOR

Havia uma mulher que habitava na montanha e que tinha uma vida arrumada. Desejou saber quantas foram as chagas que Nosso Senhor Jesus Cristo havia recebido em seu sacratíssimo corpo e pediu ao Senhor, com muita devoção, que isso lhe fosse revelado. O Senhor apareceu-lhe e disse:

– Hás de saber que as chagas que recebi em meu corpo foram cinco mil, quatrocentas e cinqüenta e cinco; eis por que te digo que todo aquele que rezar, em memória delas, quinze Pais-Nosso se Ave-Marias pelo espaço de um ano, tirará quinze almas do Purgatório e se redimirá da penitência que devia fazer por outros tantos pecados mortais; além disso, obterá a graça e a confirmação de suas boas obras. Da mesma forma, a quem rezar um ano inteiro as orações, dar-lhe-ei, quinze dias antes, meu corpo a comer e não terá fome; meu sangue a beber e não terá sede; colocarei diante dele o sinal-da-cruz, que lhe servirá de guarda e defesa, e o assistirei como minha Mãe Santíssima à hora da morte e receberei sua alma benignamente, levá-la-ei aos prazeres eternos e quando a levar dar-lhe-ei a beber a Divindade; e a quem tiver dor e contrição de seus pecados, cumprindo esta reza por espaço de um ano, eu os perdoarei todos desde que nasceu até a morte e os livrarei do poder do demônio e de sua tentação e sendo mau ficará bom e continuamente guardarei a sua alma das penas do inferno e o que pedir à minha Mãe Santíssima ser-lhe-á concedido, dando-lhe a vida para ir viver em meu reino, a fim de morar comigo continuamente. Qualquer pessoa que trouxer consigo esta oração e a der a ler, ou ensiná-la a alguma pessoa, terá nesta vida prazer e galardões. Onde quer que esteja esta oração, a casa será conservada em paz, assim como conservei as pesadas ondas do mar. Qualquer pessoa, seja homem ou mulher, que tiver esta oração, não morrerá de morte repentina, nem será perseguida por seus inimigos, nem vencida por eles em batalha, nem deporão contra ela qualquer testemunho falso. Qualquer mulher que se encontre de parto levando esta oração parirá felizmente e sem perigo.

Foi João Cardoso quem trouxe esta oração de Roma, que a encontrou com um homem que se havia atirado ao mar, com uma grande pedra amarrada ao pescoço; esse homem andou, por espaço de três dias, sobre as águas, sem afogar-se, e depois que o tiraram das ondas, encontraram-lhe a citada oração. Quem a levar, faça-o com muita fé, porque Deus não falha; e todos os dias dirá a seguinte oração:

"Meu Senhor Jesus Cristo, lembrai-vos de mim, que sou pecador. Virgem Santíssima, rogai por mim; sempre sereis louvada e bendita. Rogai por este pecador ao vosso amado Filho; preciosa formosura dos Anjos, dos Profetas, dos Patriarcas, coroa dos Mártires, dos Apóstolos e dos Confessores, livrai-me daquela espantosa figura quando minh'alma sair do meu corpo. Oh! santíssima fonte de piedade e formosura de Jesus Cristo, alegria da glória, consolação do clero, remédio nos trabalhos! Convosco, Virgem prudentíssima, se alegram os anjos. Encomendarei minh'alma e a de todos os fiéis cristãos; rogai por nós ao vosso bendito Filho e tratai de nos conduzir ao Paraíso eterno, onde reinajs e viveis para sempre; e ali nós vos louvaremos eternamente. Amém, Jesus.

Soberana Virgem Maria, Mãe de Jesus, Filho de Deus vivo, pois o haveis parido, rogai por todos os pecadores para que sejamos perdoados. Livrai-nos do inimigo que nos combate e concedei-nos a glória eterna. Amém, Jesus.

TERCEIRA PARTE
Orações Destinadas a Obter as Graças e a Proteção dos Santos e Santas da Corte Celestial

OS QUATRO EVANGELHOS

Exorta-se a levá-los todos consigo, porque se sabe que são maravilhosíssimos contra todos os males, estando em graça de Deus. Nosso Santíssimo Padre Pio VI concedeu muitos dias de indulgência a todos os fiéis que devotamente louvam o Santíssimo Sacramento e muito mais em todas as segundas-feiras, como também indulgência plenária confessando e comungando cada mês.

Eis a oração:

Os que no mundo vivem, enquanto a vida dura, sempre no perigo se encontram. Senhor! Não há ponto nem hora segura e tal experiência nós vamos fazer, Senhor! Quem quiser se preservar de perigo, embora nele esteja, dos Evangelhos deve se socorrer, porquanto eles constituem uma defesa toda singular, única! Esta relíquia, preciosíssima, serve contra feitiçarias, contra nuvens tempestuosas e é uma defesa bem prodigiosa. Ao cristão temeroso, esta relíquia lindíssima livra do terremoto espantoso, do raio, da faísca e do furacão, por mais furioso que seja. Exemplos inúmeros há de que esta relíquia preserva do demônio e de seus encantos todo aquele ditoso que os santos quatro Evangelhos conserva. Portanto, Lucas, João, Mateus e Marcos nos livrem de todo o mal, até que consigamos gozar da Pátria Celestial à medida de nossos desejos.

EVANGELHO DE SÃO LUCAS

Naquele tempo, saindo Jesus da sinagoga, entrou em casa de Simão, cuja sogra estava com grande febre e pediram-lhe que a curasse. E Jesus, posto junto da enferma, mandou que a febre se fosse e a febre a deixou. Ao pôr-do-sol, todos os que se encontravam enfermos a levavam; e Jesus, pondo as mãos sobre cada um, os curava.

EVANGELHO DE SÃO MATEUS

Naquele tempo, foi levado Jesus ao deserto pelo Espírito Santo para que fosse tentado pelo diabo; e havendo jejuado 40 dias e 40 noites, teve fome, e o tentador, aproximando-se, lhe disse:

– Se és filho de Deus, faz que estas pedras se tornem pão.

E Ele respondeu, dizendo:

– Está escrito: não só do pão vive o homem, senão de toda palavra que sai da boca de Deus.

Então o diabo o trasladou à cidade santa e o pôs no cume do templo e assim lhe falou:

– Se és Filho de Deus, atira-te daí abaixo, porque está escrito que Ele mandou seus anjos para cuidar de ti e te levarão pelas mãos para que teu pé não tropece em alguma pedra.

Disse-lhe Jesus:

– Também está escrito: não tentarás o Senhor Teu Deus.

Pela segunda vez, o diabo o trasladou a um monte muito alto e lhe apontou todos os reinos do mundo e a glória deles e lhe disse:

– Todas estas coisas eu te darei se, ajoelhando-te, me adorares.

Então lhe disse Jesus:

– Retira-te, Satanás, porque está escrito: adorarás ao Senhor Teu Deus e a Ele somente servirás.

Então o diabo o deixou e depois chegaram os anjos e o serviram.

EVANGELHO DE SÃO JOÃO

No princípio era o Verbo e o Verbo estava em Deus e o Verbo era Deus. A princípio, ele estava em Deus. Todas as coisas foram feitas por Ele e nada do que está feito se fez sem Ele. Nele estava a vida e a vida era a luz dos homens: a luz se alumia nas trevas; mas as trevas não a compreenderam. Houve um homem enviado de Deus que se chamava João. Este veio como testemunha da luz, a fim de que todos nele cressem. Não era ele a luz, mas veio para dar testemunho da luz. O Verbo era a luz verdadeira que ilumina todo homem que vem a este mundo. Ele estava no mundo e o mundo foi feito por ele; mas o mundo não o conheceu. Veio ao que era seu e os seus não o receberam; mas a todos os que o receberam, deu-lhes o poder de fazerem-se filhos de Deus àqueles que creram em seu nome: que não nasceram do sangue, nem da vontade da carne, nem da vontade do homem, e, sim, de Deus. E o Verbo se fez carne e habitou entre nós e vimos sua glória, como a glória do Unigénito do Pai, cheio de graça e de verdade.

EVANGELHO DE SÃO MARCOS

Naquele tempo apareceu Jesus aos 11 Apóstolos quando estavam à mesa; repreendeu-lhes a sua incredulidade e a dureza de seu coração, porque não deram crédito àqueles que o haviam visto ressuscitar. E disse-lhes:

– Ide por todo o mundo e pregai o Evangelho a todas as criaturas. O que crer e for batizado se salvará, mas o que não crer será condenado. E vede aqui os milagres que farão os que crerem. Em meu nome arredarão os demônios; falarão línguas novas; colherão com as mãos as serpentes; se beberem algum licor venenoso, este não lhes fará mal; colocarão as mãos sobre os enfermos e estes serão curados.

ORAÇÃO A SÃO JOSÉ

O santíssimo Leão XII, em sua Carta Encíclica de 15 de agosto de 1889, recomenda e ainda prescreve a seguinte oração, especialmente depois do Santo Rosário, durante o mês de outubro, e concedeu uma indulgência de sete anos e sete quarentenas aos fiéis para cada vez que a rezem devotamente.

A Vós, bem-aventurado São José, acudimos em nossa atribulação, e depois de implorar o auxílio de vossa santíssima Esposa, solicitamos também, confiadamente, o vosso patrocínio. Por aquela caridade que com a Imaculada Virgem Maria, Mãe de Deus, vos teve unido, e pelo paterno amor com que abraçastes o Menino Jesus, humildemente vos suplicamos que volvais benignamente os olhos à herança que com seu sangue adquiriu Jesus Cristo, e com vosso poder e auxílio nos socorrais em nossas necessidades.

Protegei, ó previdentíssimo custódio da Sagrada Família, a escolhida descendência de Jesus Cristo; apartai de nós toda mancha de erro e de corrupção; procurai nos assistir, do céu, fortíssimo libertador nosso, nesta luta com o poder das trevas. E como em outro tempo livrastes o Menino Jesus de iminente perigo de vida, assim agora defendei a Santa Igreja de Deus das emboscadas de seus inimigos e de toda adversidade, e a cada um de nós protegei com perpétuo patrocínio, para que, a exemplo vosso, e sustentados por vosso auxílio, possamos santamente viver e piedosamente morrer e alcançar nos céus a eterna bem-aventurança. Amém.

ORAÇÃO A SÃO CRISTÓVÃO

Concede aos que vos invocam, glorioso mártir São Cristóvão, que sejam preservados de peste, epidemias e tremores de terra, do raio e da tempestade, de incêndios e inundações. Protegei-nos, com vossa intervenção, durante a nossa vida, das calamidades que a Previdência tenha disposto, e na morte livrai-nos da eterna condenação, assistindo-nos em nossa última hora, para que possamos alcançar a eterna bem-aventurança. Amém.

SÃO CIPRIANO E SANTA JUSTINA

Introdução

Quando o tirano Deocleciano deteve Santa Justina para martirizá-la juntamente com São Cipriano, este santo compôs a oração que se segue, suplicando a Deus Nosso Senhor que se dignasse a preservar os fiéis dos enganos e artifícios do demônio, não somente a todos aqueles a quem a Santa havia convertido à fé em Jesus Cristo, como também aos que adiante se convertessem. Esta oração foi encontrada nos arquivos da cidade de Constantinopla, quando os turcos dela se apoderaram, escrita em um pergaminho, de que se apoderou um soldado da Santa Cruzada, ao vê-lo assinado por um santo mártir, a fim de preservá-lo das chamas. Dito soldado levou-o sempre consigo, dentro de uma bolsa de seda, por cujo meio se viu, sempre, livre de todo mal. Posteriormente, este pergaminho foi entregue ao Papa São Clemente, o qual, penetrando a virtude e eficácia da oração que continha, a recomendou aos fiéis corno um remédio eficaz contra todos os males, particularmente contra as tentações do espírito maligno, seus feitiços e bruxarias, de modo que esse Santo Pontífice concedeu 800 dias de indulgência a todos e a qualquer dos fiéis, cada vez que dissessem ou ouvissem com devoção a mencionada reza que o próprio São Cipriano compôs antes de seu glorioso martírio, entregando-a a uma irmã de Santa Justina, chamada Rufina.

A Oração

Ó Deus Onipotente e Eterno, que por meio de vossa serva Justina, com quem vou perder a vida temporal para alcançar a eterna, eu vos peço humildemente perdão de todos os malefícios que cometi durante o tempo que meu espírito esteve preocupado com o dragão infernal; em pagamento do sacrifício de minha vida, suplico-vos que minhas preces sejam ouvidas a favor de todos aqueles que de bom coração vos suplicarem a saúde de seu corpo e alma, recordando-vos, Senhor, que com uma só palavra tirastes o maligno espírito daquele santo varão de que nos fala a Escritura, que ressuscitastes Lázaro, morto há três dias, que devolvestes a vista ao santo Tobias, cego por instigação de Satanás, que sois o soberano Dominador de vivos e mortos. Compadecei-vos, Senhor, de todos aqueles que sabeis serem vossos por sua fé, esperança e boas obras, e vos suplico que aqueles que estejam ligados com feitiços, bruxarias ou possuídos do espírito maligno, os desatei para que possam, com toda liberdade, vos servir com tantas e boas obras e que os desinfeiticeis para que possam usar de seu arbítrio em vosso serviço; que os desembruxeis para que o lobo raivoso não possa dizer que tem domínio sobre alguma ovelha de vosso rebanho, comprada a custo de vosso preciosíssimo sangue derramado no monte do Gólgota. Livrai-nos, Senhor Todo-Poderoso, do anjo rebelde, para que, já livres do inimigo comum, vos louvemos, bendigamos, adoremos, exaltemos, santifiquemos e confessemos a Vós, ao Pai e ao Espírito Santo, com todo o coro de Anjos, Patriarcas, Profetas, Santos, Santas, Virgens, Mártires, Confessores de vossa santa glória. E vos suplico, Senhor, que em nome de Santa Justina preserveis ao vosso servidor... *(citar o nome da pessoa)* de todos os malefícios, perfídias, enganos e ardis de Lúcifer e de perseguir Vosso Santo Nome, que para sempre louvado seja. Preservai a vista, o pensamento, as obras, os filhos, os bens, animais, semeaduras, árvores, comestíveis e bebidas, não permitindo que vosso servidor... *(citar o nome da pessoa)* sofra qualquer investida do demônio, antes, iluminai-o, dando-lhe a vista conveniente para ver e observar vossas maravilhas na obra da Natureza; retificai meu entendimento para que possa contemplar vossos favores e dirigir os negócios a um bom fim; desatai minha língua para cantar os louvores de vossa bondade, dizendo: louvado sejais, Deus Pai, Deus Filho, Deus Espírito Santo, três pessoas em um só Deus, que tudo criou do nada; se tenho preguiça nas ações, dignai-vos fazer que a preguiça de mim fuja, para poder me empregar em ações de vosso agrado; se má direção houver nos bens, filhos e demais dependentes deste vosso servidor... *(citar o nome da pessoa)*, suplico-vos, Senhor, a troqueis em boa, para empregá-la em todo vosso santo serviço; e, finalmente, aceitai, ouvi e concedei-me o que eu vos vou pedir em paga do sacrifício que fizeram de suas vidas vossos mártires Cipriano e Justina, com as seguintes preces:

Senhor, apiedai-vos de mim.

Jesus Cristo, apiedai-vos de mim.

Senhor, ouvi-me.

Jesus Cristo, ouvi-me.

Deus Pai que estais no céu,

Deus Filho, redentor do mundo,

Deus Espírito Santo, apiedai-vos de mim.

Santa Trindade, apiedai-vos de mim.

Todos os Santos Apóstolos, Evangelistas e Discípulos do Senhor, rogai por mim.

São Sebastião, São Cosme e São Damião, São Roque, Santa Lúcia e São Lourenço, rogai por mim.

Todos os Santos Sacerdotes, Levitas, Religiosos, Anacoretas, Virgens, Viúvas, Santos e Santas, intercedei por mim.

De todo mal, livrai-me, Senhor.

De todo pecado, livrai-me, Senhor.

De vossa ira, livrai-me, Senhor.

De morte repentina, livrai-me, Senhor.

Dos laços do demônio, livrai-me, Senhor.

Da ira, ódio e má vontade, livrai-me, Senhor.

De relâmpagos, trovões e tempestades, livrai-me, Senhor.

De terremotos, livrai-me, Senhor.

Anjos do céu, ouvi-me.

Prestai-me vossa ajuda.

Sem vós, meu coração perde toda a sua força.

Fiquem cheios de confusão os que tentam contra a minha vida espiritual.

– Eia, eia! – vão eles gritando. Logo cairás em nossos laços, seguiremos os teus passos e neles acabarás caindo.

Mas os que amais, Senhor, e vos honram dia e noite, por isso que invocam o seu Libertador.

Deus clemente, vós conheceis minha miséria, minha pobreza e minha fraqueza; não me negueis vosso auxílio.

Sede, Senhor, meu defensor na perseguição de meus inimigos.

Fugi, amigos de minha desgraça; em meu Deus encontrei graças; fugi.

Que estes inimigos sejam confundidos e afastados, Senhor.

Que venham trovões e tempestades de más influências, para que se afastem de minha presença.

Sejam inúteis, Senhor, os passos de meus inimigos.

Livrai-me de suas emboscadas, Senhor.

Concedei-me essa graça, Senhor.

Salvai, Senhor, vosso servo; eu vos suplico por vosso amor.

Senhor, ouvi minha súplica; e que o grito de meu coração chegue até vós, meu Deus.

ORAÇÃO

Deus meu, cujo princípio é apiedar-se e perdoar o pecador, acolhei benigno minha súplica e fazei por vossa clemência que eu e quantos estejam amarrados com o laço da culpa sejamos desamarrados e absolvidos; também vos rogo, Senhor, que, mediante a intervenção do glorioso mártir São Cipriano, sejamos livres de todo malefício e poder do espírito mau. Amém.

ORAÇÃO AO APÓSTOLO SÃO PAULO

Bem-aventurado Santo, a quem uma faísca da divina graça converteu subitamente de corifeu do erro e encarniçado inimigo da cruz em discípulo da verdade, apóstolo das gentes e defensor acérrimo da causa de Jesus crucificado. Rogai por mim, zeloso, propagador do Evangelho e alcançai-me de Deus, Nosso Senhor, que por um rasgo de amorosa clemência vos derrubou vencido em sua presença, para vos levantar convertido e disposto à apostólica missão para a qual vos tinha destinado, que também caia eu esmagado pelo enorme peso de minhas culpas e que, iluminado pelos esplendores da divina graça, possa levantar-me contrito e penitente para seguir vossas pegadas no caminho da fé e da caridade cristã, até chegar à celestial Jerusalém, onde possa entoar louvores ao Senhor, por toda a eternidade. Amém.

ORAÇÃO A SANTO ANTÔNIO DE PÁDUA

Deus e Senhor das Dominações, a cujo poder está sujeita toda a humanidade, e angélica criatura, que concedestes ao vosso amado servo Santo Antônio o privilégio de que seus devotos encontrem as coisas perdidas; eu vos dou infinitas graças pelo muito que favorecestes a este glorioso Santo e vos peço, por sua intervenção, que concedais à minh'alma luz celestial e eficácia que domine e refreie meus apetites desordenados, para seguir vossas divinas inspirações; que eu não perca a jóia preciosíssima de vossa graça e se, por minha desgraça, a houver perdido, que a reencontre prontamente. Amém.

RESPONSÓRIO DE SANTO ANTÔNIO DE PÁDUA

Se procuras milagres, olha a morte e os erros desterrados, a miséria e os demônios que fugiram e os leprosos que se encontram sãos. O próprio mar sossega sua fúria; os condenados conseguem redimir-se. Os jovens e os velhos conseguem recobrar os membros e bens perdidos. O perigo que se repetira completamente e os pobres logram remediar-se. Que o digam todos os socorridos, que tudo isto nos conte o bom povo de Pádua. Glória ao Pai, glória ao Filho, glória ao Espírito Santo. Rogai a Cristo por nós, Santo Antônio glorioso, para que, assim, sejamos dignos de suas promessas. Amém.

ORAÇÃO AO ANJO DA GUARDA

Anjo da paz, Anjo da Guarda a quem sou encomendado, meu defensor, minha mãe, minha vigilante sentinela, graças te faço, pois que me livrastes de muitos danos e perigos do corpo e da alma. Graças te envio porque, estando dormindo, tu me velaste e, acordado, me encaminhaste; ao ouvido com santas inspirações me avisaste; eu, cego pelos vícios mundanos, não me valia de teus conselhos e como desgraçado não me curava. Perdoa-me, meu amigo, Mensageiro do Céu, conselheiro e protetor e fiel guarda meu; fortaleza intransponível de minh'alma, defensor e companheiro celestial, em minhas desobediências, vilezas, sem-vergonhices e minhas muitas descortesias que hoje cometi em tua presença, tu sempre me ajudaste e guardaste; ajuda-me e guarda-me sempre, de noite e de dia.

(Um Pai-Nosso e unia Ave-Maria.)

ORAÇÃO DE SÃO FRANCISCO

O glorioso São Francisco! Cheio de amor e caridade eu vos vi e Cristo a vós entregou suas chagas. Rogai, pelo amor de Deus, que quando eu morrer vós estejais à minha cabeceira: minha alma a vós entregarei para que possais a Deus entregá-la.

(Pede-se o que se deseja e diz-se um Pai-Nosso, uma Ave- Maria e um Clória-ao-Pai.)

ORAÇÃO DE SÃO DANIEL

São Daniel é o especial advogado da peste e guia dos caminhantes e navegantes e dos que deles notícias necessitam. Daí, esta sua oração toda especial.

Meu Deus Santo Amado, livrai-nos dos enganos do século, das enfermidades, pestilências, febres agudas e perdas do corpo e da alma para a glória da Divina Majestade, a quem, por vossa intervenção – ó meu Santo! – suplicamos nos concedais o que pedimos. Amém.

(A seguir, far-se-á ao Santo a súplica da graça, o favor que mais se pretende alcançar, e concluir-se-á a prece rezando sete Pais-Nossos e sete Ave-Marias.)

ORAÇÃO A SÃO MIGUEL ARCANJO

Ó príncipe glorioso da milícia celestial. São Miguel Arcanjo! Defende-nos na batalha e *na luta que travamos contra os príncipes e potestades, contra os espíritos malignos que andam pelo ar* (Eph. VI). Vem socorrer os homens aos quais Deus criou imortais e os formou à sua imagem e semelhança e os comprou a grande preço da tirania do demônio (Cap. II, 23; Cor. IV). Luta hoje com o exército dos Santos Anjos (as batalhas do Senhor), como pelejaste um tempo contra o capitão da soberbia, Lúcifer, e seus anjos apóstatas: *E não prevaleceram nem lá ficou para eles lugar nenhum no céu*. Mas, aquele dragão descomunal, aquela antiga serpente que se chama diabo e satanás, que anda enganando o orbe universal, foi abatido e atirado à terra e seus anjos com ele.

Eis que este antigo inimigo e homicida do gênero humano se tornou valente de maneira estranha. Transfigurando-se em anjo da luz, vai-se aproximando com toda a certeza de espíritos malignos e já ocupa toda a redondeza da Terra, para dela borrar o nome de Deus e de seu Cristo e roubar as almas criadas para a coroa de glória imortal e despedaçá-las e despenhá-las à eterna perdição. Este dragão maléfico derrama, como uma torrente, a peçonha de sua maldade e a transfunde em homem de inteligência depravada e de coração corrompido: é um espírito de mentira, de impiedade e de blasfêmia, hálito mortífero de luxúria e toda linhagem de vícios e de pecados.

Inimigos astutos encheram de amargura e embriagaram com absinto a Esposa do Cordeiro Imaculada, a Santa Igreja: em todo quanto há de mais sagrado e precioso puseram as suas mãos ímpias. No lugar onde está colocada a Poltrona do bem-aventurado São Pedro e a Cátedra da verdade para iluminar todas as nações, aí puseram o trono de sua abominável impiedade.

Eis, pois, invictíssimo Capitão: ajuda o povo de Deus contra o exército invasor dos espíritos malvados. A Ti esse povo venera por tua guarda e patrão da Santa Igreja; a Ti te aclama por defensor contra os nefandos poderios da Terra e do inferno; a Ti encomendou o Senhor as almas dos redimidos, que hão de tomar assento na soberana bem-aventurança. Rogue ao Deus da paz que quebrante a Satanás sob os nossos pés, a fim de que não possa daqui por diante ter cativos os homens, nem fazer dano à Igreja. Oferece nossas súplicas ao acatamento do Altíssimo, para que logo saiam ao nosso encontro as misericórdias do Senhor e Tu prendas o dragão, a antiga serpente, que é o diabo e satanás, e, amarrados, os atires ao abismo *para que não engane mais as gentes* (Apc. XX).

E assim confiados em teu patrimônio e tutela com a sagrada autoridade do nosso ministério, vamos com toda confiança e segurança a repetir as infestações e enganos diabólicos, em nome de nosso Deus e Senhor Jesus Cristo.

V. – Vede aqui a Cruz do Senhor; fugi, exércitos inimigos.

R. – Venceu o Leão da tribo de Judá, o descendente de Davi.

V. – Venha, Senhor, vossa misericórdia sobre nós.

R. – Assim como vos temos esperado.

V. – Senhor, ouvi minha oração.

R. – E meu clamor chegue aos vossos ouvidos.
V. – O Senhor seja convosco.
R. – E com vosso espírito.

ORAÇÃO

Oh, Deus e Pai de Nosso Senhor Jesus Cristo, invocamos vosso Nome e humildemente suplicamos vossa clemência que, pela intervenção da sempre Imaculada Virgem Maria, Mãe de Deus, de São Miguel Arcanjo, de São José, esposo da minha bem-aventurada Virgem, dos Santos Apóstolos São Pedro e São Paulo e de todos os Santos, vos digneis nos prestar vosso auxílio contra satanás e todos os demais espíritos malignos e imundos, que para ruína do gênero humano e perdição das almas andam espalhados pela Terra. Pelo mesmo Nosso Senhor Jesus Cristo, amém.

EXORCISMO

Nós vos conjuramos, a todos e a cada um de vós, espíritos imundos, potestades satânicas, emissários do infernal inimigo, todas as legiões, todas as setas, todos os exércitos diabólicos, que em nome da virtude Nosso Senhor Jesus Cristo fujais bem longe da Igreja de Deus e das almas criadas à imagem de Deus e redimidas com o precioso sangue do divino Cordeiro.

Daqui por diante jamais te atrevas, astuciosa serpente, a enganar a linhagem humana, a perseguir a Igreja de Deus, a incomodar e espreitar os escolhidos de Deus. Assim te manda o Deus Altíssimo, a quem, em tua grande soberba, ainda presumes ser semelhante, o qual *deseja que todos os homens se salvem e venham ao conhecimento da verdade* (I Tim. II); manda que assim faças, Deus Pai, manda, Deus Filho, manda Deus Espírito Santo, assim manda que faças a majestade de Cristo, Verbo eterno de Deus, feito carne pela salvação de nossa linhagem, perdido por causa de tua perfídia e que se *humilhou a si próprio e foi obediente até a morte (Phil. II); e edificou a sua Igreja sobre rocha firme, prometendo que contra ela jamais prevaleceriam as portas do inferno e que permaneceria com ela todos os dias, até a consumação dos séculos* (Math, XXVII 24). Assim manda o sacramento da Cruz e a virtude de todos os demais mistérios da fé cristã. Assim manda a excelsa Mãe de Deus, Virgem Maria, que desde o primeiro instante de sua imaculada Concepção quebrantou tua cabeça com a sua humildade. Assim manda à fé dos Santos Apóstolos, São Pedro e São Paulo e os demais Apóstolos. Assim manda o sangue dos Mártires e a piedosa intervenção de todos os Santos e Santas.

Assim sendo, dragão maldito e todas as legiões diabólicas, nós vos conjuramos pelo Deus vivo e pelo Deus verdadeiro, pelo Deus santo, pelo Deus que *assim amou o mundo, que lhe deu o seu Unigénito filho, para que todo o que n'Ele creia não pereça e alcance a vida eterna* (João, III); acabeis de seduzir as criaturas humanas e de proporcionar a Igreja e de armar laços à sua liberdade.

Afasta-te, Satanás, inventor e mestre de todas as perfídias, inimigo da salvação dos homens. Deixa obrar Cristo, em quem nada encontraste em tuas obras; deixa obrar a Igreja, una, santa, católica e apostólica, a qual o mesmo Cristo ganhou com o seu sangue. Humilha-te sob a poderosa mão de Deus; estremece e foge à invocação do santo e terrível nome de Jesus, do qual tremem os infernos e ao qual estão sujeitas as Virtudes e as Potestades e as Dominações dos céus; a quem os Querubins e Serafins louvam em incessante coro, dizendo: Santo, Santo, Santo, o Senhor Deus dos exércitos.

V. - Senhor, ouve minha oração.

R. - E meu clamor chegue a teus ouvidos.

V. - O Senhor sê convosco.

R. - E também com vosso espírito.

ORAÇÃO

O Deus do céu, ó Deus da Terra, ó Deus dos anjos, ó Deus dos Arcanjos, ó Deus dos Patriarcas, ó Deus dos Profetas, ó Deus dos Apóstolos, ó Deus dos Mártires, ó Deus das Virgens, ó Deus que tendes poder para dar vida depois da morte e descanso após o trabalho; porque não há nem pode haver nenhum Deus fora de Vós, Criador de todas as coisas visíveis e invisíveis, cujo reinado não terá fim. Suplicamos humildemente à Majestade de vossa glória que vos digneis a nos livrar poderosamente e a nos conservar livres de todas as potestades, laços, decepções e perfídias dos infernais espíritos. Por Nosso Senhor Jesus Cristo, amém.

Livrai-nos, Senhor, da espreita do diabo.

Nós vos rogamos e vos pedimos que sejamos ouvidos, Senhor, para que façais que vossa Igreja possa servir com segura liberdade.

Nós vos rogamos e vos pedimos que sejamos ouvidos, Senhor, para que vos digneis a humilhar os inimigos da Santa Igreja.

(Deita-se água benta no lugar ou habitação.)

ORAÇÃO A SÃO LUIZ BELTRÃO

Esta prece é dirigida ao Santo que cura os fiéis de todas as enfermidades terrenas.

Como devoção e prerrogativa, o padre São Luiz Beltrão curava todas as enfermidades e agora peço a Deus Nosso Senhor, por sua misericórdia, que cure... *(aqui se pronuncia o nome do doente)* da enfermidade que padece.

Criatura de Deus, eu te curo e bendigo em nome da Santíssima Trindade, Pai, Filho, Espírito Santo, três pessoas distintas e uma só verdadeira, da Virgem Maria, Nossa Senhora, concebida sem mancha original, Virgem no parto, antes do parto e depois do parto e pela gloriosa Santa Gertrudes, tua querida esposa, onze mil Virgens, São Roque e São Sebastião, por todos os Santos e Santas da Corte Celestial; por tua gloriosíssima Encarnação, gloriosíssimo Nascimento, Ascensão e por tão altos e santíssimos Mistérios em que creio firmemente e são verdades do Evangelho.

Suplico à tua Divina Majestade, pondo por interventora a Santíssima Mãe e advogada nossa, para que livres e cures esta aflita criatura... *(pronunciar o nome do suplicante)* de febre etc... *(cita-se a doença)* e de outra qualquer enfermidade que seja. Amém. Jesus, Jesus, Jesus, Jesus.

Não olhando à indigna pessoa a que se refere a tão sacrossantos mistérios, com toda boa-fé te suplico, Senhor, te sirvas por tua piedade e misericórdia de curar e livrar esta tua aflita criatura... *(pronunciar o nome do suplicante)* das enfermidades que padece, tirando-as desta parte ou lugar e não permita tua Divina Majestade lhe sobrevenha acidente, corrupção, nem dano algum, e goze de completa saúde por santíssima vontade. Amém, Jesus, Jesus, Jesus, Jesus.

Consummatum est. Consummatum est. Consummatum est. Amém. Jesus.

(Um Credo por intenção do que se exerce esta obra.)

ORAÇÃO AO GLORIOSO SÃO SEBASTIÃO

Esta prece destina-se a obter favores do milagroso santo em torno de qualquer contágio, peste e epidemias. Deve ser dita pela manhã e quando o cristão ainda se encontra em jejum.

Glorioso e invicto mártir São Sebastião, insigne protetor dos aflitos, desconsolados e trabalhadores que põem a confiança em Deus e esperam de sua benigníssima mão o remédio de suas aflições e necessidades, nós vos suplicamos com todo fervor, como advogado que também sois, que nos preserveis de todo contágio, peste e epidemias e que de tudo isso livreis nossas casas com vossa santa intervenção. Fazei por nós o que tão contritamente vos suplicamos, glorioso e invicto mártir São Sebastião. Amém.

ORAÇÃO A SÃO CRISTÓVÃO

Esta oração, destinada a São Cristóvão, tem por finalidade conseguir que as nossas casas fiquem completamente livres de bruxarias, feitiços, falsos testemunhos etc.

À margem do mar, três marinheiros que estavam em uma porta viram passar São Cristóvão e dirigir-lhes a oração do peregrino. Quando Madalena vier com os panos limpar Jesus, não te assustes, que estas são as cinco chagas que todos nós deveremos passar, tanto os pequenos como os grandes, como toda a cristandade. Cristóvão, santo e varão, livrai minha casa de bruxos, bruxas, feitiços, falsos testemunhos e enredos, para que tenha completa tranqüilidade. *Pax domine.*

(A seguir, é preciso rezar três Pais-Nossos, três Ave-Marias e três Credos.)

A vida de São Cristóvão

São Cristóvão, antes de ser cristão, se chamava Offerus e era um verdadeiro gigante, tanto pelo desenvolvimento de seus membros, como pela sua extraordinária força; instalou-se na Corte de um poderosíssimo monarca, que se felicitava pela aquisição de um homem tão robusto e valente, até que certo dia um feiticeiro pronunciou o nome do diabo na presença do rei. Este, aterrorizado, no mesmo momento fez o sinal-da-cruz.

— A que vem isso? - perguntou Offerus.

— Pelo medo que tenho do diabo — respondeu o rei.

— Pois, se o temes, prova que não és tão poderoso como ele. Está feito: agora mesmo vou servir ao diabo.

E Offerus se foi daquele lugar.

Depois de muito andar, viu vir a ele ginetes armados e capitaneados por um indivíduo inteiramente negro e de aspecto aterrador, que lhe perguntou:

— Quem procuras, Offerus?

— Procuro o diabo, para servi-lo.

— O diabo?! Pois olha: eu sou ele.

Offerus imediatamente se incorporou àquela comitiva.

Seguindo o caminho, à metade dele encontraram com uma cruz ali erigida.

Ao vê-la, o diabo deteve-se, repentinamente, e mandou que sua gente fosse para trás.

— Por que havemos de retroceder assim? - perguntou Offerus, sem demonstrar qualquer surpresa.

— Porque tenho medo da imagem de Cristo - respondeu o diabo, sem que o olhasse de frente.

— Pois, então, se temes a Cristo, isso prova que não és tão forte como ele. Portanto, eu te deixo e me vou com Cristo.

Offerus tomou outra direção.

Não tardou em encontrar um ermitão, a quem perguntou:

– Onde está Cristo?

Em todas as partes - respondeu o ermitão.

– Não entendo – disse Offerus. – Mas se isso é verdade, dize-me que serviços pode prestar-lhe um homem robusto e inteligente como eu. Eis aí tudo quanto eu ardentemente desejo saber, para poder cumprir.

– É isso o que desejas saber?

– Sim.

– Pois saiba que a Cristo a gente serve com orações, jejum e vigília - esclareceu o ermitão.

Ao que Offerus replicou:

– Hás de saber que eu não posso orar, jejuar e nem velar, porque eu não conheço estas práticas e, portanto, ensina-me outra maneira de servir a Cristo.

O ermitão conduziu-o, então, junto a uma torrente que descia, impetuosamente, da montanha.

E disse a Offerus:

– Os infelizes que pretendem atravessar esta torrente tão perigosa perecem afogados.

– Verdade?

– Sim. E, como assim é, fica aqui. E conforme venham chegando esses infelizes, leva-os às costas de uma a outra margem que, assim fazendo por amor de Cristo, o mesmo Cristo te reconhecerá como um seu servidor.

– Isto já é de meu agrado. E, por isso, imediatamente, vou me pôr a servir a Cristo.

Ali mesmo Offerus construiu a sua moderníssima cabana. E dia e noite passava os viajantes de um ao outro lado da torrente.

Aconteceu que, certa noite, rendido pela fadiga, Offerus havia adormecido e foi despertado pela voz de um menino que o chamou três vezes pelo seu nome.

Levantou-se em seguida e, carregando o menino às costas, entrou na torrente.

Repentinamente, cresceu, furiosa, a torrente, e o menino começou a pesar-lhe de maneira extraordinária.

Offerus arrancou uma árvore para apoiar-se e conseguiu mais força, porém a torrente continuou crescendo e o menino se converteu em uma carga insuportável.

Offerus, temendo que o menino caísse na água, levantou a cabeça e, fitando-o fixamente, lhe disse:

– Menino, pesas de tal modo que me parece que levo o mundo em cima de mim.

Ao que a criança respondeu:

– Neste momento, ficas sabendo que não mentes, levas o mundo como o Criador do mundo. Eu sou Cristo, teu Deus e Senhor, a quem deves servir. Batizo-te em nome de meu Pai, e em meu próprio Nome e em nome do Espírito Santo. De hoje em diante, tu te chamarás Cristóvão, que quer dizer "o que leva a Cristo".

Assim dizendo, o Menino desapareceu.

E Cristóvão sentiu vivíssimos desejos de servir a Deus de outras maneiras que a de apenas servir-se de suas forças físicas.

Abandonou o trabalho que se havia imposto ele próprio, às margens da torrente, e começou a empreender longa caminhada.

Tendo seus passos guiados pelo Espírito Santo, chegou a uma cidade onde os cristãos padeciam terrível perseguição pela fé. E, embora a princípio sequer entendesse o idioma, associou-se às suas orações práticas, convertendo-se, logo, em ardente defensor da religião cristã.

Tendo disto notícia, o rei enfureceu-se de tal modo que mandou um esquadrão de 200 soldados prender Cristóvão.

Encontrando-o em orações, os soldados ficaram tão surpreendidos que não se atreveram sequer a lhe pôr as mãos em cima.

Então, o rei mandou outros 200 homens e, ao vê-los, ao longe, Cristóvão lhes disse:

– Que quereis de mim?

Bastaram estas palavras para que, aterrados e compungidos, lhe respondessem:

– Temos ordens de prender-te. Mas, se não queres vir conosco, foge daqui e diremos que não te encontramos.

Cristóvão foi até eles e lhes disse:

– Não é lícito mentir; aqui me tendes. Atai-me os braços e levai-me à presença de vosso rei.

Os soldados assim fizeram e durante o caminho ficaram tão admirados do fervor da fé de São Cristóvão, que não poucos deles acabaram por se converter.

O rei recebeu São Cristóvão cortesmente; porém, depois que viu frustrada sua esperança de vencê-lo por presentes e promessas, mandou que fosse flechado. Cumpriu-se a ordem. Mas realizou-se o prodígio de que as flechas disparadas ficassem suspensas no ar, enquanto São Cristóvão ficava a olhá-las risonhamente, e a cólera do rei não tinha limites.

Sucedeu que, em um dos disparos, as flechas feriram os olhos do rei, que ficou cego imediatamente. E, para pôr fim àquele espetáculo, mandou que Cristóvão fosse decapitado.

Este então lhe disse que o curaria da cegueira se, depois que fosse cortada a sua cabeça, tomasse um pouco de sangue e com ele molhasse as suas pálpebras. Assim o fez o rei, sendo que uma grande multidão presenciou o prodígio em que o soberano instantaneamente recobrou a vista.

ORAÇÃO À SANTA RITA

Esta prece destina-se a alcançar uma santa morte. Os fiéis, após dizê-la, deverão rezar um Pai-Nosso, uma Ave-Maria e um Credo.

Ó Santa Rita, minha advogada! Já chegastes a tempo de concluir vossas gloriosas fadigas; já vosso Esposo, a quem fielmente servistes, vos quer mais próxima d'Ele, para vos coroar gloriosamente no céu;

já o Pai Eterno e Celestial, que se vos manifestou em visão (como ao outro patriarca Jacó no dia de vossa gloriosa profissão, ao cume da escada por onde subiam e desciam os anjos), vos aguarda amante com os braços abertos para vos receber no empíreo! Alegro-me convosco neste dia, ó minha gloriosa protetora!, vendo que Jesus e sua Santíssima Madre enamorados, vos convidam para os celestiais esponsais e já vos chamam o precursor João Batista, vosso pai Santo Agostinho e vosso irmão São Nicolau de Tolentino (que foram paraninfos do matrimônio desfeito ao vosso ingresso à religião) para gozar com vossa dita em vosso matrimônio e consumado na suma e inadmissível união de vosso esposo; os anjos que vos assistiram em vossa enfermidade e acenderam vosso espírito nos mais vivos desejos dos indissolúveis abraços do Amado vos aguardam, já com a coroa nas mãos, para vos conduzir ao trono eterno.

Ó que boa companhia lograste em remuneração a vossa solidão e completo retiro!

Este é, minha santa, o galardão que mereceram vossos jejuns, penitências, mortificações e a dor imponderável de vossa coroa de espinhos.

Louvo, bendigo e adoro a Santíssima Trindade pela grande glória de que estais possuída.

Por vossa suma clemência, vos suplico, gloriosa santa, que me amparais, especialmente em minha maior necessidade, que será a última hora de minha vida.

Vós, admirável Santa, vos mostrastes em vosso corpo, antes extenuado, logo que expirastes, resplandecente e gloriosa para que conhecêssemos o quanto é a glória de vossa alma. Vós abris os olhos agradecida a vossos devotos para explicar vossos desejos. Vós vos levantais no sepulcro para que vejamos vossa proteção. Vós exalais celestial fragrância quando nos favoreceis, para que sintamos as ânsias de vosso amor.

Quanta confiança nos infundem tão celestiais maravilhas para implorar vossa intervenção!

E, portanto, já que sois tão poderosa, com Deus, por aquele céu que tivestes sempre da saúde dos pecadores e o vivo desejo que eu tenho de ser vosso fidelíssimo servo (embora indigno de ser ouvido), ensinai-me desde o céu e sede meu guia em minha peregrinação, para que viva imitando de tal sorte vossas heróicas virtudes, que mereça com vosso patrocínio morrer em um ato de amor divino perfeitíssimo e em vossa companhia bendizer eternamente o que pedi nesta novena, já que é para maior glória de Deus, bem de minha alma e culto vosso. Amém.

ORAÇÃO À SANTA LÚCIA

Deus meu, que conservastes livres a Bem-Aventurada Virgem e a Mártir Santa Lúcia entre as chamas de fogo que a rodeavam, vós a destes aos vossos fiéis cristãos por singular Protetora contra as enfermidades dos olhos, defendei-me por vosso mérito e intervenção de incêndio nas casas e de movimentos de raiva em nossos corações e assisti, benignamente, à nossa espiritual e corporal vista. Por Jesus Cristo, amém.

QUARTA PARTE
Orações Destinadas às Almas dos Defuntos
e Outros Exorcismos Destinados
à Salvação da Alma

ORAÇÃO EM INTENÇÃO DE UM DEFUNTO

O Deus de quem é próprio ter misericórdia e perdão, humildemente vos rogo pela alma de vosso servo... *(aqui se pronuncia o nome do que acaba de falecer)*, que haveis tirado deste mundo, que não o entregueis em mãos do inimigo, nem a olvideis para sempre e, sim, que mandeis aos santos anjos que a recebam e à Celestial Pátria a acompanhem, para que, já que em Vós creu e esperou, não padeça as penas do inferno e consiga possuir a eterna alegria.

Por Nosso Senhor, Jesus Cristo, amém.

OUTRA ORAÇÃO PARA DEFUNTO

Esta prece deve ser rezada três vezes ao dia, durante uma semana seguida, e toda vez é preciso ser seguida de um Pai-Nosso e uma Ave-Maria.

Inclinai, ó Senhor!, vossos ouvidos às minhas súplicas, com as quais humildemente imploro vossa grande misericórdia para que a alma de vosso servo... (ou serva) *(aqui se pronuncia o nome do morto)*, que mandastes sair deste mundo, a coloqueis na região da paz e da luz e mandeis que seja companheira de vossos santos.

Por Cristo, Nosso Senhor, amém.

PARA LIVRAR-SE DOS INIMIGOS

Prece de grande eficácia e a maneira de se proceder à operação que acompanha.

Deus e Senhor meu, recorda-te de mim e faça que me voltem, meu Deus, as antigas forças, para que eu possa livrar-me de meus inimigos.

Com a mão esquerda, toma-se um limão e se diz o seguinte:

Limão, hás de saber que nenhum mágico se pôs contra mim... *(aqui se pronuncia o nome)*, porque estou protegido pelos céus.

(Isto se faz durante nove dias seguidos e se diz três vezes, enquanto se procede a operação, e depois se atira o limão ao fogo. Se se fizer ao bater a meia-noite, é melhor, e enquanto se segura o limão e se dizem as palavras, fica-se sempre a olhá-lo.)

UTILIDADE DA ÁGUA BENTA

Prece que livra o crente de seus pecados, que deve ser rezada três vezes ao dia e que deve ser seguida de nove Ave-Marias.

São muitas e grandes as utilidades que os fiéis conseguem com a água benta, quando a tomam ou empregam devotamente, como lemos nas orações, com que a bendiz a Santa Igreja, para remédio de nossas necessidades espirituais e corporais.

As principais são as seguintes:

Utilidades Espirituais

1ª – Afugenta os demônios tanto das habitações como das pessoas.

2ª – Preserva dos sustos e fantasmas do diabo.

3ª – Graças a ela consegue-se o perdão dos pecados venais.

4ª – Dá fortaleza para resistir às tentações e fugir das ocasiões de pecar.

5ª – Livra dos maus pensamentos.

6ª – Faz com que nos livremos da espreita interna e externa do inimigo.

7ª – Facilita o favor e a assistência do Espírito Santo, consolando e alegrando a alma, excitando-a à devoção e dispondo-a para orar.

Utilidades temporais

1ª - Preserva de enfermidades.

2ª - Purifica o ar de todo contágio.

3ª - Enfim, a todos os que a usam, dá saúde à alma e ao corpo e o estado de graça pode aumentar por fruto da devoção.

Mas, para tudo isto conseguir, deve-se tomar ou usar a água benta com viva fé e unindo nossa intenção com a intenção e oração de nossa Santa Madre Igreja. Deste modo a usava Santa Teresa e por isso alcançou por seu meio tantos favores, como ela mesma o diz no capítulo 31 de sua vida, com estas palavras:

"De muitas vezes tenho experiência que não há coisa de que mais fujam os demônios, para não mais voltar, do que a água benta; da cruz também fogem, mas voltam logo; daí, a grande virtude da água benta. Para mim é particular e muito conhecida consolação que sente minha alma quando a tomo. É certo que o mais comum é sentir uma recreação que eu não saberia dar a entender, assim como um deleite que toda a minha alma conforta. Isto não é coisa que me tenha acontecido uma só vez, e sim muitas; e, olhan- do-a com grande advertência, digamos que é como se a gente estivesse com muito calor e sede e bebesse um jarro de água fria. Eu considero que é grande coisa tudo o que é ordenado pela Igreja e alegra-me bastante ao ver que tenham tanta força aquelas palavras, para que seja tão grande a diferença da água que não é benta."

Ao tomá-la, pode-se dizer:

– Por virtude desta água benta, livrai-me, Senhor, de todas as minhas culpas e pecados!

E é também muito bom rogar a Deus, ao mesmo tempo em que se toma, pela conversão dos pecadores.

* * *

O arcebispo de Valência, D. Joaquim Lópes Sicilia, por seu decreto de 9 de abril de 1935, concedeu 80 dias de indulgência a todos os fiéis, cada vez que lessem este impresso ou usassem com devoção a água benta. Os atuais bispos de Segorbe e Albarracin concederam

40 dias de indulgência a cada um dos fiéis, por vez, que leiam este impresso, rogando a Deus pelas necessidades da Igreja e do Estado.

* * *

Cópia da relação que foi encontrada no Sepulcro de Nosso Senhor Jesus Cristo, que estava escrita em lâmina de prata no oratório do rei D. Carlos II, e que diz:

Havendo Santa Isabel, rainha da Hungria, feito muitas e particulares orações a Nosso Senhor Jesus Cristo, para que lhe fosse revelado tudo quanto sucedera em sua santíssima Paixão, Jesus Cristo lhe disse, com a sua própria boca:

"Minha querida irmã: saberás que os soldados e executores da justiça que me prenderam no horto foram 105, os quais me deram na cabeça 30 socos; além disso, aplicaram-me 102 empurrões, com os quais caí 70 vezes até chegar à casa de Anás; afora isso, aplicaram-me cinco pontapés para fazer-me levantar; deram-me 80 golpes nas costas e me empurraram pela trigésima vez. Em casa de Pilatos, fui cuspido 33 vezes; deram-me, estando manietado na coluna, 5.030 açoites; fizeram-me no corpo 102 buracos e, afora isso, me deram 10 empurrões, com os quais caí outra vez; levando a cruz às costas, deram-me outros três empurrões mortais e as gotas que derramei foram 30.660.

Indulgências

Todos os homens que rezarem, em memória do que por eles padeci, sete Pais-Nossos e sete Ave-Marias, por espaço de 12 anos, até cumprir o número das gotas que por eles derramei, concederei cinco graças:

1ª – Indulgência plenária.

2ª – Livrá-los das penas do purgatório.

3ª – Se morrerem antes de cumprir os 12 anos, esperem como se os houvessem cumprido.

4ª – A mesma coisa que aos mártires que derramaram o sangue por meu amor.

5ª – Esperem que eu descerei do céu à Terra para receber sua alma em companhia dos demais parentes até o quinto grau, no caso de encontrar-se no Purgatório, e todos eles serão levados à minha pátria, para gozar da vida eterna.

Também diz que qualquer que leve consigo esta relação será livre do demônio e não morrerá de má morte; e a mulher que estiver de parto, se a leva consigo, parirá sem nenhum perigo; e, na casa, que estiver a citada relação, não haverá nenhuma má visão e quatro horas antes de sua morte verá a sua santíssima Mãe.

(Para fazer esta devoção, rezam-se sete Pais-Nossos e sete Ave-Marias.)

ORAÇÃO

Meu Senhor Jesus Cristo:

Que pela redenção do mundo quiseste nascer e ser crucificado e reprovado pelos judeus, e de Judas, discípulo teu, vendido e amarrado como cordeiro inocente, foste arrastado à morte indignamente, apresentado diante de Anás, Caifás, Pilatos e Herodes, acusado de falso testemunho, com açoites e opróbrios perseguido, coroado com espinhos, esbofeteado, escarnecido pela turba, coberto teu santíssimo rosto e face sagrada, despojado de tuas vestimentas e amarrado à iniqüíssima cruz e nela pendurado e posto entre dois ladrões, onde te deram a beber sal e vinagre e foram feridas e abertas tuas costas, rogo-te, Senhor meu, em virtude de tuas santíssimas penas das quais faço memória e pelos méritos de tua preciosíssima Mãe, que me livres e guardes das espantosíssimas penas do inferno e assim mesmo sejas servido de conduzir-me, como conduziste o bom ladrão, cravado na cruz, tu que reinas com o Pai e com o Espírito Santo, nos séculos dos séculos. Amém.

Esta oração está escrita em Roma com letra de chumbo, em São João de Latrão, e diz que quem rezar 40 dias de joelhos ganha mais méritos do que se jejuasse todos os dias a pão e água e, mais, do que se se açoitasse e fizesse penitência no deserto.

ORAÇÃO PARA SE LIVRAR DOS PECADOS

Prece que livra o crente de seus pecados, que deve ser rezada três vezes ao dia e ser seguida de nove Ave-Marias.

Bem-aventurada, Mãe do Senhor, porta do céu sempre aberta, astro formoso que serve de guia aos pecadores que navegam no mar borrascoso deste mundo; tu, que com pasmo da natureza, concebeste e pariste o teu Criador; Virgem e Santa Virgem, que recebeste a saudação do Arcanjo Gabriel, recorda-te dos miseráveis pecadores que de ti se acodem como seu refúgio. Amém.

ORAÇÃO PARA TER BOA COMPANHIA

A voz do céu e da Terra vos entendo, Senhor, e a Jesus de Nazaré, justo Juiz de Nazaré, Filho da Virgem Maria, foste nascido no monte de Gogol de Nazaré. Glorificado Senhor entre judeus, rogo-vos, piedosíssimo Senhor, que por este santo dia e noite o corpo... *(cita-se o nome)* não se veja preso, nem ferido, nem morto, nem entre justiça envolto. Acompanhai-nos Senhor – disse Jesus aos seus sagrados discípulos; olhos têm e não nos vejam; ouvidos tenham e não nos ouçam; mãos tenham e não nos agarrem; com as armas de Nosso Senhor São José vou armado, com a capa de Abraão vou coberto, com o sangue de Nosso Senhor Jesus Cristo vou banhado, com o leite de Maria Santíssima vou banhado. Dai-me, Senhor, aquela doce companhia que destes à Virgem Maria Santíssima desde a Porta de Abraão até a porta de Belém, a porta de Jerusalém, com os três clérigos revestidos, com os três cálices abençoados, com as três óstias consagradas. Assim, como ressuscitastes ao terceiro dia, que eu... *(aqui se pronuncia o nome)* me veja em casa e por onde quer que vá com aquela grande alegria que tivestes no ventre-virginal de Maria Santíssima a qual porei como minha defensora e rezarei três Credos ao Senhor, três Salve à Maria Santíssima para que me acompanhe onde quer que eu vá. Três Pais-Nossos aos Apóstolos para que, assim como acompanhais Jesus ao Horto de Jetsêmani, me acompanhem por onde quer que eu vá. Amém.

QUINTA PARTE

Orações que se Destinam a Combater
o Mau-Olhado, a Macumba, os Espíritos Maus,
os Sortilégios de todo Tipo e Espécie

CONTRA SATANÁS E OS ANJOS APÓSTATAS

Estes exorcismos foram mandados publicar pelo nosso santíssimo Papa Leão XIII.

Em nome do Pai, do Filho e do Espírito Santo. Amém.

Ps. LXVII

Levanta-te, Deus, e sejam dissipados teus inimigos; e fujam de tua presença os que te aborrecem. Desapareçam como o fumo. Como se derrete a cera ao calor do fogo, assim se derretam os pecadores à vista de Deus.

Ps. XXXIV

Julga, ó Senhor!, os que me causam dano; derruba os que combatem contra mim.

Sejam confundidos e envergonhados os que atentam contra a minha alma.

Fiquem desfeitos como pó diante da fúria do vendaval e espreite-os o Anjo do Senhor.

Seja seu caminho trevas e despenhadeiros e o Anjo do Senhor vá ao seu encalço.

Já que sem causa me armaram, às escondidas, o laço da morte, e escarneceram injustamente minha alma, que caiam no laço quando menos pensarem e fiquem amarrados no mesmo laço.

Minha alma se alegrará no Senhor e com o seu Salvador gozará.

ORAÇÃO CONTRA O MAU-OLHADO

Esta oração deve ser rezada todas as sextas-feiras, pela manhã, em jejum, seguindo-se-lhe três Pais-Nossos e três Ave-Marias, por intenção da Santíssima Trindade.

Levanto-me pensando em vós, Senhor, em vosso Santíssimo Filho, que por nós tanto sofreu, na Santíssima Virgem, que por tão cruciantes dores passou ao ver na cruz Nosso Senhor Jesus Cristo e pensando em todos os santos e santas e anjos que povoam o vosso Reino Celestial.

Sei, ó meu Deus!, que não são poucos os que com maus olhos vêem e que muito desejam a minha infelicidade.

Mas contra esses inimigos, que tanto mal procuram fazer-me, eu conto com a vossa ajuda, que jamais me faltou e não há de faltar neste instante, em que tanto dela necessito.

Os maus-olhados dos que são meus inimigos hão de encontrar intransponível barreira no auxílio que me prestareis a todas as horas, a todos os momentos, ó meu misericordioso Senhor!, e de todos eles eu sairei vitorioso.

Porque assim desejam e assim farão o Pai, o Filho e o Espírito Santo. Amém.

ORAÇÃO CONTRA AS MACUMBAS

Dita com toda fé, esta prece consegue neutralizar os efeitos maléficos que acaso possam surgir de *trabalhos* feitos por macumbeiros, a pedido de outros, contra o crente. Deve ser rezada durante nove dias seguidos e durante a manhã, em jejum.

Senhor, por intermédio de todos os vossos Santos, eu vos peço que me guardeis de meus inimigos.

Que eles sejam vencidos. E que São Gabriel me auxilie nesta luta titânica que com eles vou travar e que se destina a dominá-los completamente e a evitar que possam causar-me qualquer mal.

Sei que eles tramam contra mim através da ajuda de nefandos macumbeiros, que procuram derrubar-me. No entanto, Senhor, eu conto com a vossa infinita misericórdia e ceiteza tenho de que levareis a melhor sobre os que desejam a minha perdição. Sois bondoso e sempre estais a velar por aqueles que vos são fiéis e em vós crêem cegamente. Portanto, não haveis de me abandonar nesta hora em que tanto necessito de vossa ajuda.

Depois de proferidas estas palavras, faz-se o sinal-da-cruz, prosseguindo:

Assim como o diabo foge espavorido da cruz, e sequer ouvir mencionar seu Santo nome deseja, que os espíritos maus que estão a rondar minha casa e meu corpo desapareçam imediatamente e não mais tornem a aproximar-se. Que os seus malefícios sequer cheguem a atingir-me e que todo o mal, que os meus inimigos a mim desejam, contra eles próprios recaia. E assim há de suceder, porque o Senhor me acompanha dia e noite e por mim está a velar.

Neste ponto deve ser feito novo sinal-da-cruz e após um instante de silêncio o crente deve acrescentar as palavras seguintes:

A minha fé é ilimitada. Por isso, hei de triunfar neste combate. O auxílio do céu não será negado e os meus adversários serão esmagados e não mais poderão tentar contra a minha felicidade.

Senhor! Senhor! Senhor! Eu vos invoco por três vezes e certeza plena tenho de que estas minhas contritas palavras hão de chegar aos vossos santos ouvidos, porque também rogo aos que compõem a Corte Celestial para que por mim intercedam e sejam os portadores destas minhas súplicas, as quais outro fim não têm que a de me livrar dos que procuram causar-me mal e me desviar do caminho da felicidade.

Senhor! Senhor! Senhor! Por três vezes invoco o vosso Santo Nome e bem sei que não o faço em vão, porque haveis de zelar por esta ínfima criatura que prosternada e contrita somente quer livrar-se dos espíritos malignos que contra ela foram enviados pelos seus inimigos.

Senhor! Senhor! Senhor! Não me desampareis neste momento de aflição e que vossa bondade desça até mim.

Agora, o crente deve fazer o sinal-da-cruz por três vezes e atirar água aos quatro pontos cardeais, enquanto vai murmurando:

Desapareceis espíritos malignos que por macumbeiros fostes em má hora enviados.

Voltai às fogueiras de onde viestes, ó espíritos malignos, que contra mim nada podereis fazer.

Regresseis ao piche de ebulição, ó espíritos malignos!, que ali é e por séculos e séculos continuará sendo a vossa nefanda morada e onde residem todos os males.

De meus pecados estou redimido, ó espíritos malignos! E por isso não podereis macular a minha alma purificada.

O Senhor está comigo, ó espíritos malignos, e portanto Ele é o meu guarda e a minha salvaguarda e saberá amparar-me contra todas as vossas investidas, que somente têm por finalidade causar-me mal e desviar-me da rota do bem e da felicidade.

Fugi, fugi, ó espíritos malignos!

E que nunca mais regresseis à minha presença ou às proximidades de minha casa, porque o sinal-da-cruz é a melhor arma que possuo para vos afugentar.

Em nome do Pai, do Filho e do Espírito Santo. Amém.

ORAÇÃO EM PROL DOS ESPÍRITOS

A presente prece destina-se a rogar pelos bons espíritos que vêm a este mundo buscar orações, a fim de serem purificados do mal que neste mundo fizeram, e restituir alguma dívida ou roubo. Como nas demais orações, deve ser feita tendo, junto, do lado do coração, a Cruz de Caravaca.

Jesus meu, Jesus nosso, Jesus de toda a humanidade.

Pai, Filho, Espírito Santo.

Sai, alma cristã, deste mundo.

Sai deste mundo, alma cristã, em nome de Deus Pai Todo-Poderoso.

Sai, alma cristã, em nome de Jesus, Espírito Filho de Deus vivo que por ti padeceu.

Sai, alma cristã, em nome do Espírito Santo, que copiosamente te se comunicou.

Sai, alma cristã, deste corpo ou lugar em que te encontras, porque o Senhor te recebe em seu reino.

Jesus, ouvi a minha oração.

Jesus, peço-vos que sejais meu amparo, como sois o amparo dos Santos, Anjos e Arcanjos, dos tronos e dominações, dos querubins e serafins, dos Profetas, dos Santos Apóstolos e dos Evangelistas, dos Santos Mártires, Confessores, Monges, Religiosos e Eremitas das Santas Virgens e esposa de Jesus Cristo e de todos os santos e santas de Deus, o qual se digne dar-lhe lugar de descanso e goze da paz eterna na Cidade Santa da Celestial Sião, onde o louve por todos os séculos. Amém.

CONTRA A ENTRADA DO ESPÍRITO MALIGNO EM CASA

Esta oração deve ser rezada no momento em que, à noite, o crente vai fechar a porta de sua residência. Nesse momento, deverá segurar a Cruz de Caravaca na mão. Depois, dirá três Salve-Rainhas e o Credo.

Ó Deus Onipotente, que do seio do Eterno Pai viestes ao mundo para salvação dos homens, dignai-vos, Senhor, de por preceito ao demônio ou demônios, para que eles não tenham mais o poder e atrevimento de entrar nesta morada. Seja fechada a porta para eles, assim como São Pedro fecha as portas do céu às almas que lá querem entrar sem que primeiro tenham expiado as suas faltas.

Dignai-vos, Senhor, permitir que São Pedro venha do céu à Terra fechar a morada onde os malditos demônios querem entrar quando muito bem lhes parece.

Pois eu, em vosso Santíssimo Nome, ponho preceito a esses espíritos do mal, para que desde hoje para o futuro não possam mais fazer morada no corpo de... *(o nome da pessoa a quem se quer livrar dos espíritos malignos), que lhes será fechada esta porta perpetuamente, assim como lhes é fechada a do reino dos espíritos puros. Amém.*

ORAÇÃO CONTRA OS ESPÍRITOS MALIGNOS

Com a Cruz de Caravaca, faz-se a cruz apontando-se os quatro pontos cardeais. Depois, atira-se água benta igualmente aos quatro pontos cardeais. A oração deve ser feita três vezes e, após terminada, devem ser rezados três Pais-Nossos e três Salve-Rainhas por intenção do Pai, do Filho e do Espírito Santo.

Em nome do Pai, do Filho e do Espírito Santo.

Em nome de São Bartolomeu, de Santo Agostinho, de São Caetano, de Santo André Avelino.

Espíritos malignos, sois os meus inimigos.

Espíritos malignos, pretendeis estabelecer morada em meu corpo.

Espíritos malignos, saídos das fornalhas ardentes do inferno, quereis quebrar a minha fé e tornar-me um pecador.

Mas, espíritos malignos, cujos olhos e cuja boca só labaredas rubras expelem, nada podereis fazer contra mim, porque eu creio em Deus Todo-Poderoso, venero e louvo o seu Santíssimo Filho, Nosso Senhor Jesus Cristo que, para nosso bem e remir nossos pecados, ao mundo veio em forma de homem e em forma de homem sofreu dores atrozes e depois da Sacratíssima Paixão foi crucificado para três dias depois ressuscitar e voltar aos Reinos Celestiais de onde viera.

Nada conseguireis, espíritos malignos, porque eu me valho da santíssima cruz, da qual sempre fugistes espavoridos para voltar aos infernos, que é o vosso lugar.

Ide, pois, ó espíritos malignos, e não mais volveis com o fito de me tentar, pois que minha fé é ilimitada e um só pensamento me guia: o de servir e honrar o Santo Nome de Deus.

Em nome do Pai, do Filho e do Espírito Santo. Amém.

SEXTA PARTE

Orações Destinadas a Afastar as Tempestades,
Raios, Faíscas, Calamidades Públicas,
Guerras, Preservação das Casas Contra
o Espírito Maligno etc.

**TRIANGULO PARA O DESENCANTO DE TESOUROS,
MINAS, PETRÓLEO, DIAMANTES, ÁGUAS MINERAIS etc.**

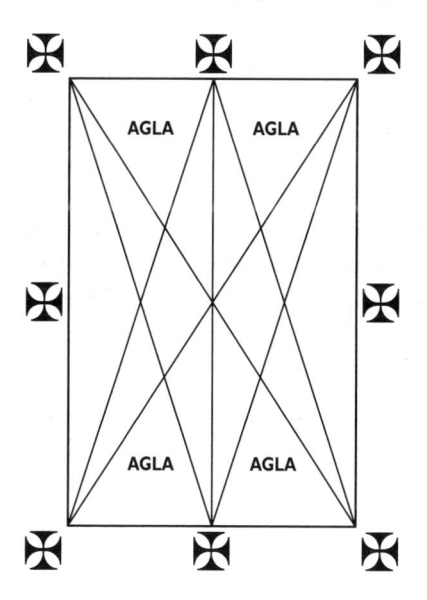

O triângulo é uma cópia exata do encontrado num pergaminho que se achava no Egito encerrado dentro do sarcófago de uma das numerosas múmias dos milagrosos sacerdotes egípcios, dos tempos de Salomão.

Seu uso é de efeitos certos e comprovados, bastando reproduzir o desenho anterior em papel ou cartolina branca (em cores perde seus efeitos), e deve ser levado por cima do coração.

Deve-se trazer sempre consigo a milagrosa CRUZ DE CARAVACA.

CONTRA OS RAIOS E GRANIZOS

Esta reza é a mais eficaz possível contra qualquer espécie de tempestade (furacões, ciclones etc.), embora proveniente de malefícios.

Eu te conjuro... *(aqui se diz nuvens, furacão, granizo, chuva de pedra, tormenta, tromba-d'água etc.)* em nome do grande Deus vivente, Adoray, Eiosin, Teobac e Metraton, que te dissolvas como o sal na água e te retires às selvas inabitadas e barrancos incultos, sem causar dano nem estrago a ninguém.

Fazer o sinal-da-cruz às quatro partes do mundo e, se é tromba-d'água, se cortará da mesma forma, mas é preciso ter um punhal de revés na mão esquerda (o cabo na mão e a folha atrás) e levantar o braço ao alto, fazendo cruzes como quem corta pelas quatro partes do mundo, se é nuvem; se for apenas tromba, repita:

"Eu torno a te conjurar pelas quatro palavras que o próprio Deus falou a Moisés: Uriel, Seraph, Josafa Ablaty, Agia Caila, que ceda teu fomento, conjuro-te a que te dissolvas neste mesmo momento por Adonay, Pai nosso até a tentação.

Lagarot, Alpronidos, Paatia, Urat, Condion, Lamacron, Iodon, Arpagon, Atamat, Lamacron, Veniat Serabani."

BÊNÇÃO DE CASA NOVA

Esta prece deve ser feita pela manhã e em jejum, por ocasião em que é posto o telhado.

A ti, Deus Pai Onipotente, rendidamente pedimos que bendigas nossa entrada e te dignes santificar esta casa, assim como quiseste bendizer a casa de Abraão e de Jacó, e fizeste habitar entre suas paredes teus santos anjos, da mesma forma, faz com que guardem bem e defendam os habitantes desta casa de toda alma má e nosso corpo defendam de qualquer malefício de Satanás e seus satélites. Dá, Senhor, a esta casa, a abundância de virtude celeste e todas as felicidades desta Terra. Por Jesus Cristo, Nosso Senhor. Amém.

CONJURO

Esta oração é destinada contra todos os duendes e bruxas.

Que sejamos ajudados em nome do Senhor, que fez o céu e a Terra. O Senhor esteja conosco e convosco e com o nosso e o vosso espírito, para que fiquemos todos livres dos malefícios de nossos inimigos.

OREMUS

Onipotente e sempre eterno Deus, que comunicaste tuas graças a teus sacerdotes, para que em teu santo nome se aperfeiçoassem e fizessem crer em ti, nós rogamos à tua clemência que nos visites e nos bendigas, como os visitaste e bendisseste, e que estendas tua mão direita para tudo que tenhamos a fazer, para que seja auxiliada a nossa pouca virtude e que pela invocação do teu Santo Nome fujam daqui todos os espíritos malignos juntamente com seus satélites, e teus anjos puros entrem e ajudem esta casa e guardem os seus habitantes, para que possam empregar-se em teu Santo serviço, sem temor dos inimigos, posta a fé à confiança em ti. Por Cristo Nosso Senhor. Amém.

OREMUS

V. – O Senhor seja convosco.

R. – E com teu espírito (fragmento do Santo Evangelho escrito por São Lucas).

Senhor, glória a ti.

Naquele tempo, existia um varão chamado Zaqueo, que era príncipe dos publicanos e muito rico, o qual desejava ver Jesus e não podia fazê-lo porque era demasiado pequeno de estatura; então, correndo, subiu a uma árvore pelo lugar onde havia de passar Jesus; e chegando Jesus àquele lugar, disse-lhe:

– Alegra-te, Zaqueo, e desça, porque hoje quero comer contigo em tua casa.

Então Zaqueo desceu correndo, e com isso sentiu muita alegria. Vendo-o, os outros murmuraram, dizendo que era estranho que Jesus privasse com um homem tão pecador.

Estando depois Zaqueo com Jesus, falou-lhe:

– Senhor, eis aqui todos os meus meios de riqueza e subsistência; se roubei alguém com a usura, prometo devolver o dinheiro quadruplicado.

Então Jesus lhe disse que por esse motivo fora à sua casa, para salvá-lo, e porque sendo todos filhos de Abraão havia vindo Ele, Filho do homem, buscá-lo e fazê-lo salvar-se do melhor modo possível.

Louvores sejam feitos a Ti, Senhor.

Pela virtude do Santo Evangelho que dissemos, desapareçam e voltem ao nada todos os enganos e a espreita do inimigo infernal; e todas as coisas do espírito maligno, juntamente com a sua malícia, que se vão desta casa.

OREMUS

Senhor Jesus Cristo, clamando por teu remédio e crendo com esperança em ti, dirige todos os nossos negócios para o bem e faça que a felicidade permaneça nesta casa, assim como ao mundo tudo santificaste e ao ir à casa de Zacarias encheste de bênção com tua presença corporal; também bendiz e digna-te santificar esta casa, para que seus habitantes, salvos com tua bênção, se alegrem e sirvam contentes e conheçam a ti, Senhor, como único Salvador.

OREMUS

Contra vós, espírito rebelde habitante e arrui- nador desta casa, pelos méritos das chagas de Cristo, invocando o auxílio divino e a virtude do dulcíssimo nome de Jesus, juntamente com o da sagrada Virgem Maria, dos Santos Anjos e beatíssimos Apóstolos, Mártires, Confessores e Virgens e todos os Santos, mando que sem demora marcheis desta casa, fazendo dissolver qualquer malefício que vós ou vossos ajudantes tenhais feito, e qualquer malefício eu o dissolvo em nome de Jesus de Nazaré e desejo que se dissolva; e, espíritos malignos, eu vos amarro com o preceito formal de obediência, para que não possais permanecer nem voltar até nós e não possais perturbar nem maleficiar nossos negócios, sob pena de permanecerdes continuamente no fogo e enxofre, ardendo por milhares de anos.

Em nome de Nosso Senhor Jesus Cristo, que vive e reina com o Pai, o Filho e o Espírito Santo. Amém.

Atende-se por toda a casa, fazendo cruzes com água benta e instrumento cortante em cada parede dos aposentos, dizendo:

Eis aqui a cruz de Nosso Senhor Jesus Cristo, Salvador do mundo. Marchai, espíritos malignos, marchai.

ORAÇÃO CONTRA ACIDENTES EM VIAGEM

Esta oração deve ser rezada três vezes durante o dia em que o crente irá viajar, quer seja em trem, quer seja em automóvel, quer seja em navio, avião etc. etc.

O Senhor tudo criou, o Senhor é o Imperador do céu e da Terra, o Senhor tudo vê e o Senhor está sempre ao lado de todos quantos O veneram e Lhe dedicam infinito amor.

E agora é de vós que é meu bom Senhor que eu me valho, suplicando-vos que me acompanheis durante todo o itinerário da longa viagem que vou empreender.

Sei, ó meu misericordioso Senhor, que por mim sempre estais a velar; sei que meus passos seguis carinhosamente, dando-me o vosso sempre indispensável auxílio; e sei também, ó meu grande Senhor, que também nestes momentos terei ao meu lado a vossa presença e que de mim sabereis cuidar, guiando todos os meus passos em todas as horas, em todos os minutos e em todos os segundos.

Em vós, Senhor, sempre tive, tenho e terei infinita confiança, porque vossa incomensurável bondade em nenhum instante me faltou.

Pelo muito amor que vos dedico, em nome de vosso Santíssimo Filho, que tanto padeceu neste mundo para redimir os homens pecadores e que entre nós enviaste para salvar a humanidade dos males que a afligiam, eu vos peço, Senhor, que continueis a velar por mim, dando-me vossa indispensável assistência. Amém.

CONTRA INCÊNDIOS

Esta prece deve ser rezada não somente por ocasião de incêndios, como, também, para preservar os prédios de tais sinistros. Seguem-se-lhe três Pais-Nossos e três Ave-Marias.

Senhor meu Deus, criador dos céus e da Terra e de tudo quanto neles existe, sois o Soberano dos Soberanos e tudo podeis fazer para aplacar a ira dos elementos ou evitar os danos que eles queiram causar à humanidade, constituída de vossos filhos, que contritamente vos adoram, vos veneram.

As tempestades, por mais temíveis que sejam, por mais furiosas que surjam, por vós são contidas com uma palavra apenas.

As águas revoltas dos mares amansam-se, tornam-se tranqüilas com um vosso olhar somente.

Com um gesto podeis domar as mais raivosas feras que infestam as matas e os bosques.

Tudo, tudo podeis dominar em um instante.

E por isso, ó meu Deus, de infinita misericórdia, que de joelhos vos venho solicitar que intercedais junto ao fogo para que ele não consiga pôr em ação a sua obra devastadora, perniciosa, deixando sem lar homens e mulheres, crianças e velhos.

Fazei, Senhor, que as labaredas jamais apareçam, ou se isso suceder, sejam prontamente extintas e que o fogo nunca venha a vencer a humanidade, que tantos e tantos padecimentos já sofre. Em honra de vosso Santo Nome. Amém.

ORAÇÃO CONTRA CALAMIDADES

Esta oração deve ser rezada durante nove dias seguidos, conservando-se sempre na mão a Cruz de Caravaca. A prece seguem-se um Pai-Nosso e uma Ave-Maria, por intenção de Nosso Senhor Jesus Cristo.

Ó Deus Onipotente e misericordioso, tende pena de nós, ajudai-nos e rogai por nós.

Ó Deus Onipotente e misericordioso, olhai por nós, por toda a humanidade, livrando-a das tentações das quais resultam verdadeiras calamidades que causam mortes e todas as classes de horrores.

Ó Deus Onipotente e misericordioso, por intermédio de vossos gloriosos santos e santas que constituem a Corte Celestial, nós pedimos toda assistência para que nos possamos ver livres dos males que assolam a Terra inteira.

Ó Deus Onipotente e misericordioso, fazei que as guerras, os sinistros, os furacões, as tempestades, os maremotos, as pestes, as revoluções desapareçam do mundo e que os homens se compenetrem de seus grandes deveres para com os céus, que é onde apenas reina a bem-aventurança e onde poderemos encontrar a paz eterna.

Ó Deus Onipotente e misericordioso, fazei que a felicidade seja geral e duradoura, e que os homens em vós somente pensem e somente o vosso Santo Nome venerem, prosternados e contritos, com a alma repleta de fé e unção.

Ó Deus Onipotente e misericordioso, ouvi estas nossas preces, que nos saem do fundo do coração e da alma, as quais de há muito vos dediquei inteiramente.

Em nome do Pai, do Filho e do Espírito Santo. Amém.

SÉTIMA PARTE
Orações para Amor, para Resolver Questões Econômicas, para a Preservação do Gado e Assuntos Diversos

CONTRA O CIÚME

Esta oração deve ser rezada pela manhã e em jejum, conservando-se na mão a Cruz de Caravaca. Depois, deve-se rezar três Pais-Nossos e três Ave-Marias, por intenção de todas as almas pecadoras e pelos Santos e Santas que povoam o Reino Celestial.

Senhor meu Deus, protegei-me contra todos aqueles que de mim têm ciúme.

Senhor meu Deus, rogai por mim.

Senhor meu Deus, rogai por nós.

Anjo da Guarda, rogai por mim.

Anjo da Guarda, rogai por nós.

Anjo da Guarda, cujo nome se encontra sempre em meu pensamento, rogai por nós.

Anjo da Guarda, cujo nome reverencio, e que também reverencio como meu príncipe, rogai por nós.

Anjo da Guarda, que por minha fé sempre intercedeu por mim, rogai por nós.

Anjo da Guarda, que sois meu caridoso, extremoso e eterno defensor em todas as coisas, rogai por nós.

Anjo da Guarda, que sempre me colocais fora dos perigos que me ameaçam a todas as horas, a todos os momentos em todos os lugares desta Terra, rogai por nós.

Anjo da Guarda, que com muito acerto e grande benevolência presidis a todas as minhas ações, rogai por nós.

Anjo da Guarda, que com a vossa infinita sabedoria me ensinais as verdades da salvação, rogai por nós.

Anjo da Guarda, que me preservais contra os inimigos que de mim tanto ciúme têm, rogai por nós.

Em nome do Pai, do Filho e do Espírito Santo. Amém.

ORAÇÃO PARA CONSEGUIR O AMOR DE UM HOMEM

Quando uma mulher estiver apaixonada por um homem e por este não é correspondida, deve rezar a oração que se segue. É necessário que a prece seja dita pela manhã, durante o que a crente conservará a Cruz de Caravaca entre os seios. Ficará ajoelhada e depois dirá três Salve-Rainhas e um Credo, por intenção de todas as Santas da Corte Celestial.

Santa Teresinha, sois a bondade personificada.
Santa Catarina, olhai por mim.
Santa Catarina, olhai por nós.
Santa Teresinha, valei-me.
Santa Teresinha, olhai por mim.
Santa Teresinha, olhai por nós.
Santa Teresinha e Santa Catarina, toda contrita e cheia de unção, eu vos peço que intercedais junto

de Santo Antônio para que este se digne de velar por esta humilde serva de Deus e para que obtenha as graças do bondoso santo e consiga, também, o amor de... *(aqui se pronuncia o nome do homem amado)*, que persiste em não querer olhar para esta criatura de tanta fé.

Fazei, ó Santa Teresinha e Santa Catarina, pela adoração que vos tenho, que Santo Antônio atenda a estas minhas súplicas, que são sinceras e partem de meu coração dilacerado.

Santa Catarina, rogai por mim.

Santa Teresinha, rogai por nós.

Santa Teresinha, rogai por mim.

Santa Catarina, rogai por nós.

Em nome do Pai, do Filho e do Espírito Santo. Amém.

ORAÇÃO PARA CONSEGUIR O AMOR DE UMA MULHER

Estando um homem apaixonado e não conseguindo o amor da mulher adorada, deve socorrer-se desta oração, que é das mais eficazes para tais casos, conforme inúmeras vezes ficou comprovado. Depois de dita a prece por nove dias seguidos e três vezes ao dia, o crente logo notará modificações sensíveis na maneira como a mulher o trata e verá que ela já não se mostrará tão indiferente e fria e acabará por corresponder ao seu amor. Após cada oração, um Pai-Nosso e um Credo, por intenção de todos os santos da Corte Celestial.

Sou um pobre pecador remido, ó meu Deus Onipotente e de infinita misericórdia.

Creio em vosso poder, em vossa doçura, em vossa bondade, ó meu Deus Onipotente e de infinita misericórdia.

Sois o Rei dos reis, Imperador dos Imperadores, tudo o que nos céus e no mundo existe a vós é devido e por vós foi criado, ó meu Deus Onipotente e de infinita misericórdia.

Sem vós, a humanidade inteira de pó não passaria e sem as vossas graças e sem o vosso perdão todos os homens estariam condenados às penas do inferno, ó meu Deus Onipotente e de infinita misericórdia.

Eis por que a vós apelo neste momento, certo de que me atendereis, ó meu Deus Onipotente e de infinita misericórdia.

Fazei que... *(aqui deve ser citado o nome da mulher)* corresponda ao puro amor que a ela devoto de há longo tempo, ó meu Deus Onipotente e de infinita misericórdia.

Ern nome do Pai, do Filho e do Espírito Santo. Amém.

CONTRA AS TENTAÇÕES IMPURAS

Deve-se rezar três vezes (pela manhã, ao meio-dia e à noite) durante outros tantos dias, seguindo-se-lhe três Ave-Marias.

Maria Santíssima, bendita seja a tua pureza e eternamente o seja, pois Deus se recreia com a tua graciosa beleza. Virgem sagrada, desde este dia eu te ofereço meu coração, minha vida e minha alma. Olha-me com grande compaixão, Virgem Santíssima, evitando que eu me livre de todas as tentações impuras deste mundo.

Viva Jesus, viva seu Divino Amor, viva sua Divina Graça, viva Maria Santíssima; morra de vez o pecado mortal; morra de vez o demônio; viva Jesus.

Louvado seja o Sagrado Coração de Jesus, louvado seja o puríssimo coração de Maria para sempre. Amém.

PARA GUARDAR O GADO

Curioso segredo místico, cuja infalibilidade muitas e muitas vezes foi comprovada. Deve-se fazer esta simpatia às primeiras horas da manhã, em jejum, na Semana Santa.

Escreva sobre um pergaminho, na Sexta-feira Santa, durante o ofício da Paixão, o seguinte:

Oteos, a Oxthoo, Bay, Clay, Apenih.

Depois, dobre este escrito e coloque-o no punho do pequeno pastor e, a seguir, plantado e cravado em terra em meio ao rebanho, as reses não se separarão a vinte passos umas das outras, nem do pastorzinho.

PARA CURAR O GADO

Aqui temos outro segredo místico, que se destina à cura do gado enfermo.

Faça o sinal-da-cruz no pé esquerdo do animal enfermo e sussurre na orelha dele a seguinte oração, por três vezes:

"Criatura, ouve o teu Criador; Criador, ouve tua criatura. Caspar, Melchior, Baltazar, levanta-te pela Santíssima Trindade."

Qualquer animal que caia com o mal de Santo Pao pode ser recuperado no mesmo instante, já sem nenhum mal, o que causa admiração aos circunstantes.

E o animal enfermo se levantará instantaneamente.

PARA PRESERVAR O GADO DOS LOBOS E RAPOSAS

Esta oração deverá ser rezada um dia sim e outro não, começando na segunda-feira e sem contar o domingo.

Vá aos lugares cercados ou currais onde se encontrem os animais, fazendo o sinal-da-cruz em cada cruz que a seguir está assinalada e bendizendo com a mão o curral em que se acha o gado:

"Em nome do Pai, e do Filho e do Espírito Santo. Lobos e raposas, machos e fêmeas, eu vos conjuro em nome da muito santa, sobressanta, três vezes santa Trindade, em nome de Nossa Senhora quando esteve grávida, que não ides apanhar nem matar nenhuma cabeça de gado, sejam machos ou fêmeas, nem nenhuma ave de pena desse curral, nem comer seus ninhos, nem chupar seu sangue, nem quebrar seus ovos, nem fazer-lhes qualquer mal."

ORAÇÃO PARA FAZER FORTUNA

Em nome de Nosso Senhor Jesus Cristo, Pai, Filho e Espírito Santo. Somente em Deus em essência e trino em pessoa; eu te invoco, Espírito, benfeitor para que sejas minha ajuda, meu apoio; para que protejas meu corpo e minh'alma, acrescentes minhas riquezas, sejas meu tesouro pela virtude da santa cruz, da paixão e morte do Todo-Poderoso; eu te requeiro por todos os anjos da Corte Celestial, pelos padeci-mentos da bem- aventurada Virgem Maria e pelo Senhor dos exércitos que há de julgar os vivos e os mortos. Tu, que és alfa e ômega, Imperador dos reis, João Abat Enatil, Emancin, Sedobel, Messias e todos os santos que te invocam, eu te suplico, Senhor Deus meu, por teu precioso sangue que derramaste para salvar o pecador, eu te adoro e te bendigo e suplico que te digneis celebrar meus votos. Amém.

Três Pais-Nossos à Santíssima Trindade e um Pai-Nosso ao Eterno Pai, para que siga meus passos. Amém.

ORAÇÃO CONTRA OS INIMIGOS

Esta reza foi enviada como esquisito presente ao sereníssimo Carlos, o Grande, Imperador de Hesse e da Germânia.

O Papa Leão reuniu e pôs por obra a oração que segue, com as mesmas palavras e preceitos de nossa Santa Igreja, e a enviou a Carlos Magno, dizendo-lhe:

"Se crerdes firmemente e sem nenhuma dúvida, cada dia que rezardes a oração em vosso retiro ou recolhimento, com devoção, e a levardes convosco com respeito, seja na guerra, seja no mar ou em qualquer parte em que vos encontreis, nenhum de vossos inimigos terá poder sobre vós; sereis invencível e ganhareis facilmente as batalhas, vos livrareis dos maiores perigos, enfermidades e desgraças, em nome de Nosso Senhor Jesus Cristo. Amém."

Como obséquio e memória do mesmo Pontífice, o rei Carlos, agradecido e cheio de fé, mandou escrevê-la em letras de ouro, levando-a sempre com ele, com o maior cuidado e o maior respeito e devoção.

Nenhum mortal pode explicar as virtudes e graças desta oração. Se os homens conhecessem em sua virtude e excelência, rezá-la-iam cada dia com muita fé e não deixariam de levá-la sempre consigo, tal é a maneira que não se encontra nenhuma pessoa que diga que, tendo recitado esta oração, se tenha visto abandonada de Deus em todas as suas necessidades e que não tenha alcançado o que desejava e experiência inegável.

Assim, o que a diga cada dia, com devoção, e leva com ele respeitosamente não terá nenhuma alteração na alma nem no corpo, guardando os mandamentos divinos, pela glória e louvor de Deus Todo-Poderoso, da gloriosa Virgem Maria, sua Mãe, e de toda a Corte Celestial, por cujo meio será preservado do ferro, da água, do fogo e de uma morte repentina. O próprio diabo não terá nenhum poder sobre ele, não morrerá sem confissão e seu inimigo não lhe poderá fazer mal, nem dormindo, nem na estrada; em qualquer parte que esteja, não será nunca vencido nem feito prisioneiro. Esta oração é maravilhosa contra as tempestades, os trovões e raios e, se for dita em cima de um copo de água benta, espargindo-a ou fazendo bendições em forma de cruz, na direção do lugar ou nuvens, no mesmo instante se acabarão a tempestade e os trovões.

Se se encontra dentro do mar, dizendo a oração três vezes não lhe sucederá, nesse dia, qualquer acidente funesto, nem haverá tempestade; e se se diz três vezes sobre uma pessoa que esteja possuída do mau espírito, seja por ela ou por uma outra pessoa em seu nome, terá uma vela bendita acesa na mão direita e ficará livre imediatamente da malignidade.

Se alguma mulher se encontra em perigo de parto, dar-se-lhe-á uma vela benzida acesa e se lhe dirá a oração e logo ela ficará livre do parto.

Se alguém precisa se pôr a caminho, antes de marchar que a leia ou faça ler, e a leve consigo, que não terá nenhum acidente em sua viagem e, se vier a morrer, se salvará, porque terá tempo de formar um bom ato de contrição pela grande misericórdia de Deus, que obra por esta oração, o que tem sido experimentado por muitas pessoas.

Também tem a propriedade de servir contra toda classe de encantos e encantamentos, sortilégios, caracteres, visões, ilusões, possessões, obsessões, impedimentos, ligamentos, malefícios do matrimônio e tudo o que possa suceder por parte de bruxas, macumbeiros ou incursão do diabo.

Igualmente contém força irresistível contra todas as coisas que podem ser dadas aos cavalos e éguas, bois, ovelhas e outras espécies de animais.

PARA EXPULSAR O DIABO DO CORPO

Esta oração deve ser rezada todas as sextas-feiras, ao nascer do sol. A prece é dita durante três vezes e em outras tantas é necessário fazer o sinal-da-cruz sobre o peito.

Em nome do Pai, do Filho e do Espírito Santo. Em nome de São Bartolomeu, de Santo Agostinho, de São Caetano, de Santo André Avelino, eu te arrenego, anjo mau, que pretendes introduzir-te em mim e perverter-me. Pelo poder da Cruz de Cristo, pelo poder das suas cinco santíssimas chagas, eu te esconjuro, maldito, para que não possas tentar a minh'alma sossegada. Vai-te daqui, em nome da cruz, e nunca mais voltes a tentar-me, renegado satanás. Vai para a tua morada, que é o inferno repleto de fogo e piche fervente, e de lá não mais saias para vir molestar os que somente vivem para louvar e render graças ao Senhor, cujos filhos queres perverter. O inferno é tua morada e lá deves ficar. Em nome do Pai, do Filho e do Espírito Santo. Amém.

ORAÇÃO PARA ALCANÇAR A VIDA ETERNA

Depois de feita esta oração, rezam-se três Pais-Nossos e três Ave-Marias em honra da Santíssima Trindade.

Ó santíssima cruz! Ó inocente e piedoso Cordeiro! Ó pena grave e cruel! Ó pobreza de Cristo, meu redentor! Ó chagas muito lastimadas! Ó coração transpassado! Ó sangue derramado de Cristo! Ó amarga morte de Cristo! Ó dignidade de Deus, digna de ser reverenciada! Ajudai-me, Senhor, a alcançar a vida eterna! Amém.

ORAÇÃO PARA TER SORTE NOS NEGÓCIOS E NOS JOGOS

Esta prece destina-se a obter realização de bons projetos ou, então, ter muita sorte nos negócios e nos jogos. Depois, devem ser rezados uma Ave-Maria e um Pai-Nosso, por intenção da Santíssima Trindade.

O Senhor me ouça no dia de minha tribulação.

O nome de Deus de Jacó me proteja.

Envie-me socorro desde o santuário.

E desde Sião me proteja.

Que Ele se lembre de todos os meus sacrifícios.

E o holocausto que eu lhe ofereça seja bastante agradável.

E cumpra todos os meus desígnios.

E em nome de meu Deus serei engrandecido.

Cumpra Deus todas as minhas petições.

Agora tenho conhecido que o Senhor salvou o seu Cristo.

Eu invocarei, sempre, até o instante de minha morte, o nome de Nosso Senhor, Jesus Cristo.

Ouça-me, Senhor, todas as vezes que eu te invocar – porque te invoco sempre com a maior contrição e fé. Amém.

ORAÇÃO PARA OS NEGÓCIOS

Quando o crente tiver algum negócio urgente em vista e para a sua realização encontrar dificuldades, deve rezar esta oração durante sete dias, seguindo-se-lhe três Ave-Marias e três Pais-Nossos, por intenção das cinco sagradas chagas de Nosso Senhor, Jesus Cristo.

A vós, Santo Expedito, é que me dirijo, contrito e cheio de fé, para que me valeis junto ao Senhor.

Senhor, tende piedade deste pecador que, em vós crendo e pensando, procura redimir-se e purificar-se.

Tende piedade de mim, ó meu Senhor Jesus Cristo, que tanto sofrestes por nós e que por nós fostes crucificado pelos ímpios no Gólgota, padecendo em silêncio, sem uma só queixa e clamando ao vosso Santo Pai para que perdoasse os vossos algozes.

Ouvi, Jesus, o que de minha parte vos vai dizer Santo Expedito, que será o meu advogado na Corte Celestial.

Ouvi, Senhor, tudo quanto Santo Expedito vos disser, e assim fazendo estareis a auxiliar esta mísera criatura que há muito está expiando os seus pecados e procurando penitenciar-se dos males que porventura tenha cometido em um instante de cegueira.

Faz-se o sinal-da-cruz três vezes e, em seguida, prossegue-se:

Rogai por mim, Santo Expedito, invencível atleta da fé e que fostes fiel ao vosso Deus até a morte.

Tende piedade de mim, Santo Expedito, que tudo perdestes para ganhar as graças de Jesus, que fostes vergastado e que pela espada perecestes gloriosamente.

Auxiliai-me neste transe, Santo Expedito, patrono da juventude e que recebestes do Senhor a coroa de Justiça prometida aos que o amam e que aos fiéis sabeis socorrer.

Não me desampareis, Santo Expedito, patrono dos viajantes, salvação dos doentes, modelo dos soldados.

Valei-me, Santo Expedito, consolador dos aflitos, mediador dos processos, encarnação da bondade.

Velai por mim, Santo Expedito, nosso auxílio nos negócios urgentes, apoio fidelíssimo dos que em vós esperam e que, sendo crentes, jamais foram abandonados por vós.

Eu vos suplico, Santo Expedito, que não deixeis para amanhã o que está em vós poder fazer hoje.

Vinde em meu auxílio, Santo Expedito, que sempre estais pronto a trazer consolo aos aflitos e aos necessitados.

Novamente se faz o sinal-da-cruz três vezes e, a seguir, se diz:

Cordeiro de Deus, que apagais os pecados do mundo, ouvi-me, Senhor.

Cordeiro de Deus, que apagais os pecados do mundo, tende piedade de mim, Senhor.

Ouvi-me, Jesus.

Ouvi esta minha oração, Jesus.

Jesus, que a humilde voz deste vosso servo suba até vós e seja atendida por intermédio de Santo Expedito. Amém.

ORAÇÃO PARA O ÊXITO NOS NEGÓCIOS

Esta oração, rezada a miúdo, faz com que os crentes sejam bem-sucedidos em seus negócios cotidianos. A sua eficácia tem sido constantemente comprovada, pois há muitos séculos vem dando os melhores resultados. Depois da reza, deve-se dizer um Pai-Nosso, uma Ave-Maria e um Credo, por intenção da Santíssima Trindade.

Senhor, aqui está aos vossos joelhos este vosso humilde filho que de há muito se penitencia de todos os seus pecados para poder alcançar as vossas graças.

Senhor, que a todos os aflitos socorreis, dispensai vossa proteção a este humilíssimo escravo, que a vós dispensa os seus menores pensamentos, para um dia, desprendida da matéria, sua alma possa alcançar os reinos do céu e com vossos anjos conviver.

Senhor de infinita misericórdia, procurai prestar auxílio a este pobre servo vosso, amparando-o o mais possível e fazendo com que ele seja bem-sucedido em tudo quanto vai empreender.

Senhor, Rei dos Reis, Imperador dos Imperadores, que tudo criaste e tudo dirigis com inigualável sabedoria, porque sois a sabedoria do mundo, não vos esqueçais desta mísera criatura que a vós está dirigindo este contrito pedido de graças.

Olhai por mim, Senhor, por mim que vos bendigo a todas as horas, quer seja de dia, quer seja de noite. Olhai por mim, Senhor. Amém.

ORAÇÃO PARA OBTER FORTUNA

Esta prece deve ser rezada, pela manhã, todas as sextas-feiras, sendo seguida de uma Ave-Maria e um Pai-Nosso, por intenção dos anjos da Corte Celestial.

Deus de misericórdia infinita, criador dos céus e da Terra, eu vos imploro ardente e contritamente para que vos digneis a ouvir este vosso humilíssimo escravo.

Eu vos suplico, ó meu bom Deus, pela força e virtude de todos os vossos santos nomes e também em nome de todos os santos e santas que formam a vossa Corte Celestial, que me seja concedido o vosso divino auxílio, não só hoje como em todos os tempos e em qualquer ocasião.

Eu vos peço, ó Deus Eterno, que preserveis de todos os males não só este humilde servo, como todas as criaturas que se encontrem ameaçadas pelos seus inimigos.

Eu ardentemente vos imploro, Rei dos Reis, com a verdadeira humildade de que é capaz a criatura humana, pela força, virtude e mérito da paixão de Nosso Senhor Jesus Cristo, pela de todos os vossos Santos Nomes e pelo nome da Santíssima Virgem Maria e do de todos os vossos santos e santas, que vos digneis, tanto agora como sempre e em qualquer lugar em que me achar, preservar-me, a mim e aos meus bens, da maldade e da cobiça de meus inimigos, que somente anseiam pela minha perdição e que eu me arrede do bom caminho, que é aquele que a vós conduz e que permitirá à minha alma, já redimida de todos os pecados por mim cometidos, chegar à vossa sacratíssima presença.

Eu mais uma vez vos suplico, ó Criador dos céus e da Terra e de tudo quanto neles existe, que me protejais contra todas as espécies de perigos, perdas, tempestades, raios e faíscas, pestes, penúrias, serpentes, assim como de todos os animais perigosos e daninhos, do fogo e da água, da morte repentina, que me impediriam de tranqüilamente vos louvar, bendizer e glorificar eternamente.

O meu bom Deus, novamente eu vos rogo, em ato de completa contrição e de olhos fitos em vós, que me salveis das mãos de meus inimigos, a fim de que, deles estando absolutamente livre, sem qualquer temor, eu vos possa servir.

Ouvi-me, Senhor, e que a força de vosso braço, que tão maravilhosamente se assinalou por ter exterminado os soberbos inimigos, também meus inimigos afaste, impedindo-os de fazer-me qualquer mal e abatendo o orgulho dos irmãos que ousam levantar-se contra vós.

Fazei, ó meu grande Senhor, que os meus inimigos fiquem imóveis e paralisados, como se pedras fossem, até que o vosso povo tenha passado e esteja livre de todo e qualquer perigo.

Jesus Cristo veio entre os homens. O Rei da Glória Eterna se fez homem. Com a mão armada e pela força de seu braço, conseguiu abater todos os seus inimigos. Por isso, ó meu Senhor, que o horror e o espanto abatam a coragem de meus inimigos, unicamente diante da idéia de vossa força incomensurável.

Outra vez eu vos suplico, Senhor: fazei que os meus inimigos fiquem imóveis como pedra, até que vosso povo tenha passado, até que este povo por vós escolhido haja passado.

Amém.

ORAÇÃO DA BOA MORTE

Esta oração deve ser rezada pela manhã em dias ímpares (terça, quinta-feira e sábado), seguindo-se-lhe cinco Glórias-ao-Pai, três Ave-Marias e um Pai-Nosso.

Meu amado São Benito! Por aquela distinção com que o Senhor se dignou vos honrar, concedendo-vos uma morte tão gloriosa e vos beatificando, eu rogo vos digneis assistir-me à hora da morte, executando em mim todas aquelas promessas que fizestes à bem-aventurada Santa Gertrudes. Amém.

ORAÇÃO PARA SE PRESERVAR DE TODO MAL

Esta prece é destinada, particularmente, a afastar todo e qualquer poder e artifícios do espírito maligno, devendo ser rezada ao deitar-se e ao levantar-se.

Deus meu, cujo princípio é apiedar-se e perdoar o pecador, acolhei benigno minha prece e fazei, por vossa clemência e piedade, que eu e quantos estejam amarrados pelo laço da culpa sejamos desamarrados e absolvidos. Também vos rogo, Senhor, que, mediante a intervenção do glorioso mártir São Cipriano sejamos livres de todo malefício e poder do espírito maligno. Amém.

OITAVA PARTE

Exorcismo contra as Tempestades,
Trombas-d'água e
Reza de Ludovico Blosio

EXORCISMO

Os exorcismos que se seguem são de grande eficácia contra as tempestades, chuvas, trombas-d'água etc., que se encontram na iminência de desencadear, pois conseguem afastá-las.

Pelo sinal-da-cruz, de nossos inimigos nos livrai, Senhor, nosso Deus.

Em nome do Pai, do Filho e do Espírito Santo. Amém.

Proferidas estas palavras preliminares, passa-se a rezar o símbolo da fé: Creio em Deus, Todo-Poderoso etc. Concluída a reza, diga-se:

Kirie eleyson, Christe eleyson, Kirie eleyson, Christe eleyson, Kirie eleyson, Christe eleyson.

Depois de ditas estas palavras, com toda contrição e fé, passa-se a dizer:

Venha em nossa ajuda o nome do Senhor, que criou os céus e a Terra.

Seja louvado o nome do Senhor, não só agora como até o fim de todos os séculos.

Roguemos a Deus e afugentemos os seus inimigos; que se dissipem todos aqueles que o odeiam e suas obras.

Supliquemos a Cristo que nos auxilie, e seu nome logo nos auxiliará em todos os transes.

Senhor, ouve minhas orações e que meu clamor consiga chegar até vossos santos ouvidos.

O Senhor seja convosco e com o vosso espírito.

A seguir, devem ser rezados um Pai-Nosso e uma Ave-Maria, dedicados à Santíssima Trindade, e, depois, se prossegue com a seguinte e eficaz oração:

Senhor meu Jesus Cristo, que fizeste os céus e a Terra, o mar e todas as coisas que neles existem, que benzeste o rio Jordão, pois nele quiseste ser batizado, e tuas santíssimas pernas e braços estendeste na cruz, na qual deste modo santificaste, suplicamos de tua imensa piedade e abundantíssima bondade que estas nuvens que diante de mim, atrás de mim, à direita e à esquerda, cheias d'água, te dignes perturbar, dissolver e aniquilar; e se vêm unidas com a potestade do diabo, suas ímpias iras perturbes e destruas, para maior glória de teu Altíssimo Nome e Retentíssima Majestade.

Que tu, que vives e reinas com Deus Pai, em união com o Espírito Santo, por todos os séculos dos séculos, queiras ouvir estas súplicas que profundamente contrito estou a dirigir-te.

Amém.

Depois, com o rosto virado para as nuvens, apontar-se-ão as mesmas, dizendo:

Afasta-te, nuvem; Deus Pai. Afasta-te, nuvem; Deus Filho. Afasta-te, nuvem; Espírito Santo. Destrói-te, nuvem; Deus Pai. Destrói-te, nuvem; Deus Filho. Destrói-te, nuvem; Espírito Santo; Desaparece, nuvem; Deus Pai. Desaparece, nuvem; Deus Filho. Desaparece, nuvem; Espírito Santo. Amém.

Depois disto feito, pronunciadas estas palavras e feitos os sinais-da-cruz, passa-se à súplica seguinte:

São Mateus, São Marcos e São João Evangelista, que o evangelho de Cristo pelas quatro partes do mundo divulgastes por vossos méritos e pelas presentes necessidades, dai fim a esta tempestade para o bem de todos os cristãos, e em união de Nosso Senhor Jesus Cristo, guardai-nos, defendei-nos e amparai-nos.

Uma vez terminada a súplica, passa-se à parte dos exorcismos, que são os seguintes:

Eu, pecador e sacerdote de Cristo, seu ministro, bem em verdade indignamente revestido da autoridade e virtudes do mesmo Deus e de Nosso Senhor Jesus Cristo. Imperadores de tudo quanto foi criado, nem por isso confundirás nem destruirás meu poder, espírito imundo, que excita essas nuvens e trevas; e por virtude do mesmo Deus e de Nosso Senhor Jesus Cristo, por sua santíssima Encarnação, por seu santo nascimento, por seu batismo e jejum, por sua santíssima cruz e paixão, por sua Santa Ressurreição, por sua santa admirável ascensão, pelos nunca bem ponderados méritos da Santíssima Virgem Maria, pelos méritos de todos os santos e santas, afasta-te e descarrega-te nas paragens silvestres e incultas, nas quais não possas causar danos aos homens, animais, frutos, ervas e árvores ou a nenhuma outra coisa qualquer destinada ao uso da humanidade. Pelo mesmo Nosso Senhor Jesus Cristo, que virá a julgar os vivos e os mortos até o fim dos séculos. Amém. Assim, vosso poder, ó demônios que agitam estas nuvens, ficará nulo por meio de mandato anterior. Este é o meu verdadeiro Filho, em quem confio o cuidado de todas as coisas e que para destruir o vosso poder estendeu seu santíssimo corpo na sacratíssima cruz. Pelo mesmo ressuscitou entre os mortos. Pelo mesmo, depois de quarenta dias, ascendeu aos céus. Pelo mesmo, virá a julgar os vivos e os mortos, pelos séculos dos séculos. Amém.

Depois de feitos estes exorcismos, apanha-se uma cruz e apontando-a para o lado que se vêem as nuvens, se diz o que se segue:

Eis aqui a Santa Madeira da Cruz. Fugi, coisas adversas, vencei-as também Vós, Nosso Senhor Jesus Cristo, Filho de Deus, para que sejamos dignos de alcançar as promessas de Cristo.

A seguir, com água benta, rociam-se os quatro pontos cardeais, em forma de cruz. Se a tempestade não se acalma, diga-se a litania dos santos. Concluída esta, reza-se a Salve-Rainha. Prossegue-se depois:

Bendigamos o Pai, o Filho e o Espírito Santo. Adoremo-lo e louvemo-lo até o fim dos séculos. Rogai por nós, Santa Maria de Deus, para que sejamos dignos de alcançar as promessas de Cristo.

Roguemos a Nosso Senhor Jesus Cristo e seu nome não demorará em nos auxiliar.

Senhor, todo contrito e cheio de fé, eu vos peço que ouçais minha oração e que o meu clamor chegue até vós.

Onipotente e eterno Deus, que por meio da confissão de verdadeira fé destes a conhecer a três servos vossa gloriosa e eterna Trindade, para que pudessem adorar vossa potente majestade na Unidade, fazei com que sejamos firmes na mesma fé, para que possamos sempre vencer todas e quaisquer adversidades que para nós surgirem.

Senhor, protegei os vossos servos em longa paz e a beatíssima Virgem Maria nos ampare e nos livre de todo perigo e de cair em poder de nossos inimigos.

Senhor, fazei que vosso santo rosto espiritual se veja livre desta maligna tempestade de água.

Senhor, atendei às preces que vos dirigimos e vos suplicamos que sereneis nossas atribulações, que justamente nos afligem em conseqüência de nossos próprios pecados, e de vossa previsora misericórdia, note-os a tão ansiada clemência.

Senhor Deus nosso, dignai-vos a conservar os pontos da Terra, para que experimentemos vosso auxílio temporal e possamos aumentar as nossas virtudes espirituais. Por Nosso Senhor Jesus. Amém.

Podem-se rezar orações a outros santos e, se a tempestade não se houver acalmado, devem-se repetir os exorcismos e as orações várias vezes.

LUDOVICO BLOSIO

Refere-se Ludovico Blosio em seu capítulo 21: primeiro, que o próprio Senhor Jesus Cristo disse em espí-rito a um amigo seu que qualquer pessoa de boa vontade, que com humildade e diligência se ocupar de lêr e meditar a Sagrada Paixão, tirará vários proveitos e poderá resistir e destruir seus inimigos, tanto visíveis como invisíveis, e alcançar o triunfo em todas as coisas; segundo, que nenhuma coisa lhe será negada, desde que se trate de pedido razoável e conveniente.

Repita com devoção a prece que se segue:

Deus Santo, Santo Forte, Santo e Imortal, tem misericórdia de meu Santo na criação, no governo, na redenção. Santo na Graça, na Misericórdia, na Justiça. Santo no céu, na Terra, no inferno. Santo, glorificando os Anjos e justiciando os homens. Santo, antes dos séculos, Santo no tempo, Santo na eternidade. Santo o Pai Ingênito, Santo, procedendo do Pai e do Filho. Santo, Santo é o Senhor Deus dos exércitos. Cheia está a Terra de sua glória. Amém, Jesus.

(Devem ser rezados três Pais-Nossos à Santíssima Trindade e um Credo.)

PRECE PARA COMEÇAR O DIA E TER SUCESSO EM TODAS AS ATIVIDADES

Sinal-da-Cruz.

Senhor, neste dia que começa venho pedir-te a paz, a alegria e a sorte.

Envolve-me, Senhor, na Tua luz, instante a instante, em cada trabalho executado por mim durante o dia.

Que a Tua ajuda seja minha companheira neste dia que começa, quando o astro solar brilha e ilumina as árvores, os campos, as cidades e tudo que vive e respira.

Que pela força da Cruz de Caravaca eu, neste dia que se inicia, só encontre e faça amigos, sejam eles pessoas por quem eu passar na rua, colegas de trabalho, vizinhos e parentes.

Que pela força da Cruz de Caravaca, eu possa conviver em paz e harmonia com familiares, com a pessoa a quem amo, com meus superiores e colegas de trabalho, com todos que me cercam. Que nossos encontros sejam marcados pela alegria, pela paz e pelo sentido de confraternização. Que a minha presença proporcione a todos satisfação. Que ao verem o meu sucesso, eles também se sintam vitoriosos e que nos meus desacertos, eles sejam solidários e prestimosos.

Que a luz do dia que começa traga para mim sabedoria, disciplina e respeito, para que tendo sofrido injustiças, tendo sentido dores na alma e no corpo, eu consiga ser vitorioso e encontre conforto.

Reveste-me de luz, Senhor, para que as trevas não tenham sobre mim qualquer poder.

Que eu possa mostrar a todos a Tua verdade e a nossa vitória, Senhor.

Paz e Fraternidade.

Amém.

Rezar dois Pais-Nossos e duas Ave-Marias.

ORAÇÃO PARA COMBATER OS INIMIGOS INVEJOSOS EM SEU TRABALHO

Sinal-da-Cruz.

Senhor, eu estou precisando de ajuda. Em minha vida sempre encontro invejosos e pessoas que escarnecem de mim. Estou recorrendo a Vós para que destruais a maldade desses inimigos gratuitos. Por que, Senhor, eles me invejam?

Sei que o Senhor é só bondade e faço aqui meu humilde desabafo, pois não agüento a perseguição dessa gente.

Assim, peço que eles cuidem de si e me deixem trabalhar para ganhar meu pão, com saúde, alegria e harmonia.

De todo coração.

Amém.

CONSAGRAÇÃO A SÃO JOSÉ PARA MELHORIAS NO TRABALHO

Glorioso São José, eu vos amo e bendigo de todo o meu coração, pois em vida tiveste a madeira e a serra como apetrechos de trabalho. Como operário usastes as mãos, o suor do rosto para obter o sustento e a vitória, mas em vossa alma limpa e pura a fé lá estava.

Pai Adotivo de Jesus, manso e amigo, digno de ser louvado, venero-vos e invoco-vos com total amor nesta hora de aflição.

Na presença da Santíssima Trindade, no amor de Jesus eu quero estar. Ajudai-me.

Proponho, finalmente, nunca vos esquecer, nem vos deixar de louvar.

Atendai as melhorias que vos peço na vida profissional e terei sempre em Vós um protetor e um defensor de grande vulto.

Assim seja.

Amém.

Rezar dois Pais-Nossos e duas Ave-Marias.

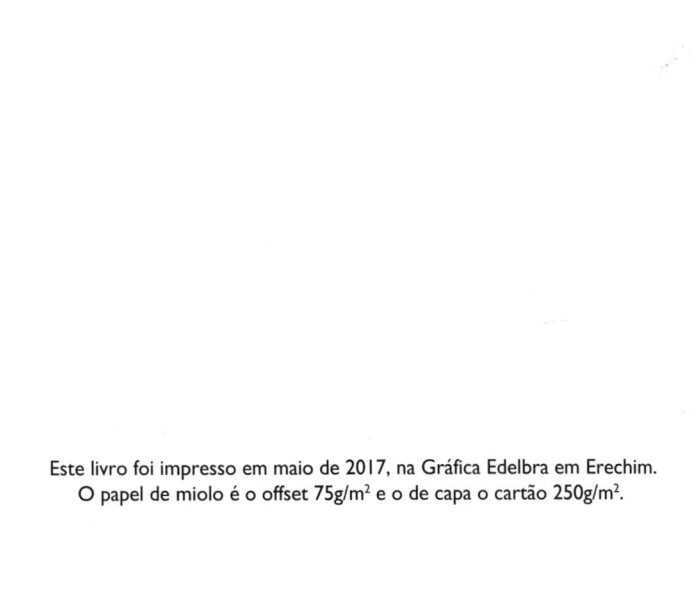

Este livro foi impresso em maio de 2017, na Gráfica Edelbra em Erechim.
O papel de miolo é o offset $75g/m^2$ e o de capa o cartão $250g/m^2$.